Historie und Histörchen aus Aachen II

Annette Fusenig und Heide Kohl
Zeichnungen Alessa Kohl

Historie und Histörchen aus Aachen II

Heide Kohl

einhard verlag

Die Deutsche Bibliothek - CIP-Einheitsaufnahme

Fusenig, Annette:
Historie und Histörchen aus Aachen II / Annette Fusenig und
Heide Kohl. Zeichn. von Alessa Kohl. Aachen: Einhard-
Verl., 1993
  ISBN 3-920284-86-0
NE: Kohl, Heide; Alessa [Ill.]

1993 einhard, Aachen
Alle Rechte vorbehalten

Herstellung:
MAC Studios, Agentur für Konzeption, Grafik & Realisation GmbH, Düsseldorf
Druckerei Erdtmann, Herzogenrath

Printed in Germany

Grußwort

Die Kenntnis der eigenen Geschichte, das historische Bewußtsein, gehört zu den Grundbestandteilen der Kultur. Hierdurch werden die eigenen Ursprünge und die Entwicklungslinien, die zur Gegenwart geführt haben, verstehbar. Der eigene Standort im Zeitfluß wird deutlich und hilft bei der Identitätsfindung.

Der Rückblick in die Vergangenheit muß keineswegs in trockener Wissenschaftlichkeit erfolgen, sondern kann mit vergnüglicher Erzählweise verbunden werden. Das beweist dieses Buch.
Es erzählt vom heiligen, aber oft auch unheiligen Treiben in längst vergangenen Zeiten, verschweigt nicht die historische Wahrheit, daß es die Aachener mit der Wahrheit nicht immer ganz genau nahmen, und macht deutlich, daß Gastfreundschaft bei uns spätestens mit dem Entstehen der Heiligtumsfahrten zur Tradition wurde.

Eine Heiligtumsfahrt war es auch, die wohl zum ersten Male Verkehrsprobleme für Aachen entstehen ließ und die Erreichbarkeit der Innenstadt in Frage stellte. Wer mehr darüber wissen will, möge nachlesen, warum Kaiser Karl IV. nicht planmäßig zur Krönung eintraf. Zu erfahren ist aber auch, wie innovativ und kreativ die Aachener zu allen Zeiten waren - so wird etwa an die Erfindung der Schreib-feder aus Stahl durch Bürgermeistereidiener Janssen erinnert. Erwähnt wird auch der Versuch des Aachener Magistrats, schon vor zweieinhalb Jahrhunderten durch Preisfestsetzungen in das Marktgeschehen einzugreifen. Natürlich schlug dieser frühe planwirtschaftliche Versuch fehl. Und wer glaubt, daß das aktuelle Problem der Abfallentsorgung erst in jüngster Zeit auftauchte, wird eines Besseren belehrt.

All die amüsant geschilderten Episoden unserer Stadtgeschichte zeigen, wie lebendig historische Berichte sein können. Der Leser kann sich selbst davon überzeugen, und ich bin sicher, daß er oft um ein Schmunzeln und Lächeln nicht herumkommt.

Dr. Linden
Oberbürgermeister

Dank

Wir danken allen, die durch ihre freundliche Unterstützung zur Entstehung dieses Buches beigetragen haben, besonders unseren unermüdlichen Helfern:
Dem aktuellen Nachfolger der Familie von Anton Joseph B., dessen Geduldsfaden unserem Tauziehen tapfer standhielt.
Uwe Bock, der geduldig und unermüdlich dafür sorgte, daß im Computer Ordnung herrschte.

Und was wären wir ohne unsere gestrengen Lektoren:
Frau Dr. Carola Weinstock, streng doch herzlich. Thomas Haendly, unser Liebster und Treuester. Verena Kienzle, aus den Augen, aber bestimmt nicht aus dem Sinn. Herrn Dr. Thomas Fusenig, big brother is watching you.

Und hier ein Sammelsurium aus den Korrekturen, O-Ton Lektoren:
Thema hier? Paßt nicht hierher! Zu breit! Warum, an wen, wohin, versteh' ich nicht! Hab' ich ja gar nicht gewußt? Wo habt ihr denn das her? Stimmt das? Bezug? Was ist das? Och herm! Das nach oben und hier weglassen. War schon mal da! Gehört nicht hierher. Was heißt das eigentlich? Würd' ich umstellen.
Manchmal war es auch ein "sehr schön!" Aber immer hatten sie recht!

Inhaltsverzeichnis

Vorwort 11
Karl der Große 12
    Unter Karls Kopfkissen 12
    Wein, Weib und Gesang - karolingische Hallenabende 14
    Karla al-akbar 16
    Auch ein Soldatenrücken kann entzücken 19
Ludwig der Fromme 22
    Ludwigs "haarige" Erben 22
    Ludwig in der Badewanne 24
    Und Ludwig riß die Arme hoch 26
Lothar II. (~ 835 - 869) 28
    Die Matrone und die Mäze 28
Die Aachener im Mittelalter 32
    Erschlichene Privilegien 32
    Feste Mauern braucht die Stadt 34
Heiligtumsfahrten in Aachen 37
    Endlich, die Pilger sind da! 37
    Spieglein, Spieglein in der Hand 41
    Philipp von Vigneulles im Gedränge 42
    Über Stock und Stein - Reisen im Mittelalter 46
    Parlieren Sie Ungarisch? 49
    Stau um Aachen 50
Peter der Große 52
    Der Zar im Erbsenbeet 52
Der Aachener Friedenskongreß 1748 56
    Dreck, Gestank und "lumpe Maul-Doctoren" 56
    Elf-Trappe-Gesech 58
    Ihre Exzellenzen werden erwartet 60
    Am Kongreß vorbeigepolstert 63
    Bravo, Herr Janssen! 65
    Aberglaube - "Gott bewahr uns darvur!" 66
    Hinter den Kulissen 68

Die Reichsinsignien - in Aachen, Paris oder Wien? 73
    Es klappert die Mühle am rauschenden Bach... 73
    Was drin war, war drin; und damit offiziell 76
    Der allzu redselige Kanonikus Blees 81
    Ist der Ruf erst ruiniert, ... 85
Franzosenzeit 87
    Abfallprobleme - Neue Besen kehren gut 87
    Deutsche Handarbeit zu Josephines Füßen 89
    Der unbequeme Torbogen 90
    Karl der Große auf Stelzen 93
    Napoleon ganz groß 95

Vorwort

Wie heißt es doch so schön bei unserem speziellen Freund aus dem 18. Jahrhundert, dem Historiker Karl Franz Meyer:
Hochwohl- und Wohlgebohrne;
Hochedelgebohrne, Hoch- und Wohledele, hocherleuchtete, hochgelehrte, hochvortreffliche, hochweise, gestrenge, Ehrenveste Herrn Bürgermeister, Scheffen und Rath des Koeniglichen Stuhls und der Kaiserlichen freyen Reichs Stadt Aachen, Hochgebiethende Landes-Väter!
Hier ist die Frucht meiner patriotischen Bemühung;[1]
Solche Zitate inspirieren.
Während der letzten Monate haben wir wiederum Stadtarchiv und Bibliotheken unsicher gemacht, haben gewühlt und geblättert, gestaunt und gelacht, für gut befunden und verworfen, um zu guter Letzt diesen neuen Band "Historie und Histörchen aus Aachen II" ins Rennen zu schicken.
Wieder waren wir auf der Jagd nach amüsanten und interessanten Begebenheiten und auf der Suche nach Zitaten *(zum besseren Verständnis kursiv gedruckt)* bekannter Persönlichkeiten, Zeitgenossen oder Historiker. Im neuen Band haben wir bewußt auf eine Einleitung verzichtet, da beide Bücher aufeinander aufbauen. Wir verweisen an dieser Stelle auf unser erstes Buch.
Wir danken Herrn Jürgen Zirbik, dem Chefredakteur von Radio Aachen. Er brachte uns im Dezember 1992 auf die zündende Idee, indem er vorschlug, unser Wissen als Stadtführerinnen in einem täglichen Radioprogramm mit dem Titel "Historie und Histörchen aus Aachen" zu verarbeiten. Daraus entstand das erste Buch.
Einmal auf den Geschmack gekommen, konnten wir es nicht lassen und haben weiter nach "Ameröllchen" geschnüffelt. Hier das Ergebnis - viel Vergnügen!

Aachen, im Herbst 1993   Annette Fusenig und Heide Kohl

Karl der Große

Unter Karls Kopfkissen

Karl der Große (*740/42 - 28.1.814) näherte sich seinem 50. Lebensjahr. Jahrzehntelang war er auf seinen Kriegszügen durch Europa gezogen. Dabei hatte er mit seiner Armee Gewaltmärsche zurückgelegt, die, über den Daumen gepeilt, einer mehrmaligen Umkreisung des Erdumfanges entsprachen.[2] 20 Jahre Krieg genügten, jetzt taten die Knochen weh. Gegen Ende des 8. Jahrhunderts begannen andere Werte Karls bisheriges Vagabundenleben zu bestimmen, und er leistete sich den Luxus, ruhiger zu werden. Er besuchte immer länger und häufiger mit seinem Gefolge die kleine ehemalige römische Siedlung Aquisgranum, das heutige Aachen. An diesem Orte zeigte sich die Natur verschwenderisch; heiße Quellen lockten zum Baden. Hier ließ es sich leben. Karl hatte eine sichere Hand, die fähigsten Köpfe seiner Zeit und gleichzeitig auch junge, vielversprechende Talente an seinen heranwachsenden Hof zu holen, und in kürzester Zeit entstand ein kulturelles Zentrum. Karl besaß *einen ... heftigen Trieb, die Gelehrsamkeit empor zu bringen, [und] versetzte seinen Hof in den herrlichsten Schimmer, und zog eine große Anzahl Fremdlinge dorthin; selbst von Rom aus eilten viele Gelehrte nach Aachen... Nur Schade, daß derselbe [Karl] in diesen herrlichsten Beschäftigungen so oft gestoeret ward, und die Bücher mit der Klinge verwechseln mußte.*[3]

An der Hofschule Karls des Großen wurden nach antikem Vorbild die "septem artes liberales", die Sieben Freien Künste, gelehrt.[4] Sie gehörten zur damaligen Allgemeinbildung, die jeder Zögling gewissenhaft "büffeln" mußte. Die Schüler taten dies auch mit großem Eifer, denn es war schon eine hohe Auszeichnung, dieser Eliteschule in Aachen anzugehören.

Darüber hinaus *forderte [Karl] jede Kathedrale und jedes Kloster auf, Schulen zu gründen, in denen Geistliche und Laien gleichermaßen das Lesen und Schreiben erlernen könnten.*[5] Im Jahre 789 ordnete Karl zusätzlich an, daß die Leiter der Schreibschulen sich

verpflichteten, *dafür zu sorgen, daß kein Unterschied zwischen Knechten und Freien gemacht werde, so daß alle kommen und auf der gleichen Bank Grammatik, Musik und Arithmetik betreiben können.* Damit hat Karl der Große die erste freie Schule ins Leben gerufen.[6]
Die Sieben Freien Künste waren in zwei Gruppen unterteilt: Das "Trivium" und das "Quadrivium".
Als Grundlage wurde das "Trivium" gelehrt: Grammatik, Dialektik und Rhetorik. Später folgte die abschließende Unterweisung im "Quadrivium", bestehend aus: Geometrie, Arithmetik, Musik und Astronomie.
Sobald der Schüler das "Trivium" hinter sich hatte, war er zwar in der Lage, sein Gegenüber mit einem gewaltigen Wortschwall niederzureden; doch ohne die Beschäftigung mit dem "Quadrivium" steckte noch nicht allzuviel Kluges dahinter. Deswegen bedeutet das Wort "trivial" heute, laut Lexikon: platt, abgedroschen.
Der eingeweihte "Öcher" weiß, wo er die Sieben Freien Künste heute findet: Sieben Damen in langen Gewändern erinnern an sie in einer Reliefreihe an der Aachener Rathausfassade.

Der Unterricht für einen Eliteschüler am Hofe Karls des Großen war besonders gestaltet. Anstatt in muffigen Räumen still zu sitzen, drehte der Zögling mit seinem Mentor im Kreuzgang des Stiftes brav eine Runde nach der anderen, lauschte gebannt den Erklärungen oder diskutierte besprochene Texte zu den einzelnen Künsten. Wer weiß, vielleicht gesellte sich auch Karl dazu, denn diese Geheimnisse interessierten ihn mit zunehmendem Alter brennend, *die Sieben Freien Künste pflegte er mit großem Eifer.*[7]
Besonders schien Karl das Trivium fasziniert zu haben, bei den Redekünsten konnte er sein Talent voll entfalten. Der Geschichtsschreiber Einhard, ein Zeitgenosse Karls des Großen, bekundete in der Biografie des Kaisers Bewunderung: *Karl war ein begabter Redner, er sprach fließend und drückte alles, was er sagen wollte, mit äußerster Klarheit aus.*[8] Karl muß wohl öfter vom Hölzchen aufs Stöckchen gekommen sein, denn weiter hieß es über ihn: *Er*

war rednerisch so begabt, daß er manchmal beinahe zu weitschweifig erschien.[9]

Immer wieder wird die Frage aufgeworfen: Konnte Karl der Große überhaupt lesen und schreiben? Darüber haben sich die Gelehrten lange den Kopf zerbrochen; es scheint sehr wahrscheinlich, daß ein Mann wie Karl lesen konnte. Schreiben jedoch, das war Sache der Geistlichen, es gehörte zur Ausbildung der Klosterschüler. Dieses Manko muß Karl im hohen Alter keine Ruhe gelassen haben. Statt sich über schlaflose Nächte zu ärgern, griff er hellwach unters Kopfkissen. Dort lagen *Tafeln und Blätter bereit*, um auf ihnen ungelenke Buchstaben zu kritzeln. Einhard meinte verständnisvoll: *Da er aber verhältnismäßig spät damit begonnen hatte, brachte er es auf diesem Gebiet nicht sehr weit.*[10]

Aus eigener Erfahrung klug geworden, achtete Karl beizeiten darauf, daß seine 19 Kinder (laut Stammbaum: elf legitime und acht illegitime)[11] frühzeitig die Schulbank drückten. Jungen wie Mädchen wurden in diesen wissenschaftlichen Fächern unterrichtet, zusätzlich zu ihren anderen königlichen Pflichten. Zu letzteren zählte, daß die Knaben lernten, fest im Sattel zu sitzen, zu jagen und geschickt mit den Waffen umzugehen. Die Mädchen hatten sich der Wollarbeit, dem Spinnen und Weben zu widmen, *damit sie nicht durch Langeweile träge würden.*[12]

Wein, Weib und Gesang - karolingische Hallenabende

Der Kaiser ließ am Aachener Hof die Zügel locker, es herrschte eine entspannte herzliche Atmosphäre, und Worte wie "Freundschaft" und "Familie" besaßen hohen Stellenwert. Aus ganz Europa strömten Gelehrte an diesen Hof, in Forschung und Lehre wurden Gedanken und Ideen ausgetauscht, über allem wachte Karl der Große.

Glanzpunkte waren sogenannte Hallenabende im Königspalast, dem heutigen Rathaus. Hier trafen sich die engsten Vertrauten Karls am reich gedeckten Tisch. Sie tafelten fürstlich und diskutierten lebhaft, im Hintergrund leise Musik. Auch wurde vorgelesen, besonders gern lauschte Karl den germanischen

Gesängen, die *geschichtliche Werke und die Taten der Alten*[13] verherrlichten. Dabei wurde natürlich auch fleißig gebechert; dem Wein, besonders den alten Jahrgängen, wurde eifrig zugesprochen. Karl selbst allerdings lehnte dankend ab, er trank insgesamt wenig. Im 18. Jahrhundert interpretierte ein Aachener Geschichtsschreiber diese Enthaltsamkeit recht deftig: *deswegen er das Vollsaufen überhaupt und vornehmlich an den seinigen verfluchte.*[14]

Karls Mahlzeiten dagegen waren recht üppig. Den Rat der Ärzte, auf das geliebte knusprige Bratenfleisch zu verzichten, ignorierte der Kaiser. Einhard erzählt, Karls *tägliche Mahlzeiten bestanden aus vier Gängen und dem Fleisch, das seine Jäger auf dem Spieß brieten und das er lieber als alles andere aß.*[15]

Nach dem Essen saßen die Freunde in froher Runde, lachten und scherzten, diskutierten und schwatzten, neckten sich gegenseitig mit Rätseln oder dichteten und wetteiferten in der Redekunst miteinander. Es wurde philosophiert und zu nächtlicher Stunde zum Beispiel über das Nichts, die Finsternis und ihre Existenz diskutiert.

Sie sprachen sich untereinander mit Namen biblischer Personen, griechischer Dichter und großer Gelehrter an. So erhielt Karl den Namen "David", des Königs von Israel. Einhard wurde gleich doppelt betitelt: "Beseleel" und "Nardus". Beseleel war der Erbauer der Stiftshütte im Alten Testament, und Einhard hatte von Karl den Auftrag erhalten, den Bau der Aachener Stiftskirche, des heutigen Domes, zu überwachen. Nardus wiederum heißt der "Wohlriechende". Anscheinend wußte Einhard wohldosiert mit duftenden Ölen umzugehen, zum Beispiel mit Lavendelöl. Wegen seiner kleinen zierlichen Gestalt wurde er auch "Nardulus" gerufen, entsprechend der deutschen Verkleinerungssilbe "chen" oder "lein". Frei übersetzt hieß es also: "Einhard, Du kleiner Wohlriechender". Und wie meinte noch Theodulf von Orléans, ein Zeitgenosse Karls? *Große Dinge wohnen bei ihm im kleinen Raum seiner Brust.*[16]

Alkuin, *der größte Gelehrte seiner Zeit*, verkörperte als "Flaccus" den großen römischen Dichter Horaz.

Damen waren gern gesehene Gäste. Sie gaben dem fröhlichen Zusammensein das gewisse Flair und krönten das Ganze zu einem *gesellschaftlichen Ereignis*. Unter ihnen waren auch Karls bildschöne Töchter. Sie trugen zu diesen Anlässen ausgefallene Namen wie "Lucia", "Eulalia" oder "Columba". Diese Mädchen ließen sich bewundern und sonnten sich im Glanze ihrer "purpurnen" Abstammung. Sie schöpften ihr sicheres Auftreten aus der Gewißheit, jung, schön und begehrenswert zu sein, und schritten in duftenden, raffinierten Gewändern einher, an denen Perlen und Edelsteine blitzten. Auch wußten sie sich anmutig und geistreich zu unterhalten, und, da *sie in hitzigen Planeten geboren waren*, nahmen sie lebhaft Anteil an diesen Abenden.

Nach dem Tod Karls des Großen zerbrach diese fröhliche Tafelrunde.

Karla al-akbar

Im Jahre 777 herrschte gespannte Stimmung in der damaligen Siedlung Paderborn. Karl der Große hielt als junger König dort seinen ersten Reichstag ab. Mitten in diese Verhandlungen platzten zwei stolze Araberfürsten, gefolgt von einer prachtvollen sarazenischen Reiterschar. Diese fremdländisch gekleideten Herren waren Sulaiman Ibn al-Arabi und der Schwiegersohn von Yusuf al-Fihri. Sie kamen aus dem damals arabisch besetzten Spanien und suchten Hilfe bei dem Kaiser, den sie ehrfurchtsvoll "Karla al-akbar" (Karl den Großen) nannten. Sein Ruf als mächtiger Herrscher war bis zu ihnen vorgedrungen, und die beiden arabischen Fürsten baten um seine Unterstützung im Kampf gegen Abd al-Rahman. Dieser hatte sich gegen ihren Willen in Cordoba breitgemacht. Als Köder winkten Karl die Stadtschlüssel von Barcelona, verlockend auf Samt und Seide präsentiert.

"Karla al-akbar" konnte nicht widerstehen. Dies war ein willkommener Anlaß, den nächsten Sommer kriegsführend zu verbringen - diesmal in Spanien.

Seine Armee war gestiefelt und gespornt. Laut Angaben des Historikers Braunfels rüsteten sich vor großen Schlachten 2500 bis 3000 Reiter, 6000 bis 10.000 Mann an Fußvolk, jederzeit bereit, für ihren Karl und das Vaterland Kopf und Harnisch zu riskieren.

Das rauhe Leben eines Karolinger-Kriegers begann schon mit elf Jahren. Im Frühjahr hatten wehrpflichtige Franken rechtzeitig auf dem Märzfeld zur Stelle zu sein, Verpflegung und Waffen auf dem Buckel. Dann ging's los - etwa 25 km am Tag![17]

Der einfache Krieger schwenkte als Schutz einen Schild in der Faust. Wenn es brenzlig wurde, zog er Schwert und Lanze. Waren ihm diese Waffen aus der Hand geschlagen, blieb als letzte Rettung der Griff zum Dolch in die Hosentasche. Manch einer kämpfte auch verwegen mit Pfeil und Bogen, den Köcher bestückt mit zwölf Pfeilen.

Die Ausrüstung adeliger Krieger stellte ein beträchtliches Vermögen dar:

... ihre Ausrüstung [bestand] *... aus einem Helm, dem Harnisch, dem Schild, den Beinschienen, der Lanze, dem langen und schweren Schwert, einem guten Pferd und seinem Zaumzeug...*[18]

Dies alles besaß einen damaligen Gegenwert von 18 bis 20 Kühen oder Rindern.

Nach erfolgreichem Feldzug wurde der karolingische Krieger nicht durch festgesetzten Sold belohnt, sondern durch einen Anteil an der Beute; sicherlich Motivation für äußersten Einsatz im Scharmützel.

Für die Geschehnisse in Spanien beziehen wir uns auf den Historiker Wolfgang Braunfels:

Im Jahre 778 hieß es für alle Franken, d. h. Alemannen, Burgunder, Provenzalen, Aquitanier, Langobarden: Auf ins Gefecht nach Spanien! Auch die bayrischen Querköpfe mußten ran.

Karl teilte seine Truppen in zwei Lager: Eine Heeresabteilung marschierte auf Barcelona zu. "Karla al-akbar vor den Toren der Stadt!" hieß das Zauberwort - die Tore öffneten sich von allein, und Barcelona ergab sich ohne Widerstand.

Karl selbst überschritt mit der anderen Abteilung in einem Gewaltmarsch die Pyrenäen und rückte gegen Pamplona und Zaragoza vor. Dort jedoch zeigte das Zauberwort keinerlei Wirkung, die Stadttore blieben eisern verschlossen.

Das hatte Karl sich anders vorgestellt. War er doch in der Gewißheit aufgebrochen, unbesiegbar zu sein, *weder sein Vater* [Pippin der Kurze] *noch sein Großvater* [Karl Martell] *hatten je einen Feldzug verloren.*[19] Und dann diese Erkenntnis: Die *wohl größte militärische Expedition seines Lebens* - und niemand wollte mit ihm kämpfen. Welche Schmach! Erbittert gab er Befehl zum Rückzug.

Karls ganze aufgestaute Energie entlud sich brutal auf dem Rückweg. Seine Truppen fegten über die Stadt Pamplona hinweg und machten sie dem Erdboden gleich. Braunfels nannte es *eine sinnlose Demonstration*. Bis hierher kann man durchaus von einem erfolgreichen Feldzug sprechen, denn die Voraussetzung für die spätere spanische Mark war geschaffen.

Dann passierte es: Bei Roncesvalles kam es zu einem legendären *Unfall.*

In einer Schlucht in den Pyrenäen wurde durch einen hinterhältigen Überfall der Waskonen (Basken) *alles bis auf den letzten Mann nieder(gemacht)*. Karl mußte um einen seiner engsten Vertrauten trauern, seinen geliebten Neffen Roland, Befehlshaber der bretonischen Mark. Der Tod Rolands stellte alle bisherigen Siege in Frage. Der Preis war hoch; in den Reichsannalen lesen wir: *Diese Verluste überlagerten wie eine Wolke im Herzen des Königs einen großen Teil der spanischen Erfolge.*

Danach sollte Karl spanischen Boden nie wieder betreten.

Dessenungeachtet verwandelten spätere Historiker diesen Feldzug in einen heiligen Krieg, einen Kreuzzug gegen den islamischen Glauben. Dieser Feldzug ist umwoben von zahlreichen Sagen.
Die bekannteste Legende, "die Schlacht bei Cordoba", wirft viele Fragen auf. Das Problem: Laut historischen Quellen fanden alle Aktivitäten Karls ausschließlich im hohen Norden Spaniens statt. Doch die Legende setzte zu einem gewaltigen Sprung an und landete tief im Süden Spaniens. Nun fragen sich die Historiker: Wie gelang Karl ein kleiner Abstecher von knapp 600 km Luftlinie bis runter nach Cordoba, quer durch die Iberische Halbinsel? Er müßte geflogen sein. Über diese legendäre "Spritztour" ist viel Gelehrtenschweiß geflossen, doch die Fakten bleiben weiterhin im Dunkeln.

Auch ein Soldatenrücken kann entzücken

Auch Rethel, *der Geschichtsdarsteller mit dem Pinsel,*[20] hat das Rätsel um "die Schlacht bei Cordoba" fasziniert. Er malte in der Mitte des 19. Jahrhunderts acht Fresken im Aachener Rathaus, unter ihnen auch dieses Gefecht. In diesem Fresko im Krönungssaal wird Karl als Überwinder der Sarazenen, der Heiden, gezeigt - siegessicher mitten im Schlachtgetümmel. Schlachten interessierten den hochsensiblen Künstler Rethel schon in früher Jugend. Auf der Höhe seiner künstlerischen Laufbahn wandte er sich nach Vollendung dieses Freskos an seinen Bruder: *Von Jugend auf zum Schlachtenmaler bestimmt, ist dies die erste Schlacht, die ich wirklich ausführe.*[21]
Bei der Wiedergabe dieser Schlacht bezieht Rethel sich auf eine Legende aus dem 12. Jahrhundert. Dort wird folgendes packend erzählt:
Im Jahre 778 standen sich die Armee Karls des Großen und die Sarazenen bei Cordoba finster und drohend gegenüber, die Sarazenen mit 10.000, die Karlsgetreuen mit nicht ganz 6000 Mann. Drei Schlachtreihen auf jeder Seite wurden aufgestellt, *die erste aus bewährten Reitern, die zweite aus Fußsoldaten, die letzte aus weniger erfahrenen Kriegern. Die Sarazenen machten es*

ebenso.[22] Die Parteien visierten sich gegenseitig emotionsgeladen an. Sie duckten sich hinter ihren Schilden.

Apropos Schilde: Schon die alten *Rheinwassertrinker,* sonst auch Germanen genannt, hatten ihre Schilde zu nutzen gewußt. Sie benutzen sie als Megaphon für ihr Kriegsgeschrei, aber auch das Auge sollte beeindruckt werden. Die germanischen Krieger schmückten sie mit phantasievollen Bemalungen, zum Beispiel mit Siegestaten oder dämonischen Erscheinungen, und "schilderten" so dem Gegner die schauerlichsten Geschichten. Die Sarazenen kannten jedoch einen noch besseren Trick, ihrem Gegner Angst einzuflößen:

Zwischen den Reitern der sarazenischen Schlachtreihen tauchten plötzlich unheimliche Gestalten auf, sie *trugen wilde Masken mit Hörnern, wie die Teufel, und hielten jeder eine Trommel in der Hand, auf die sie kräftig einschlugen. Sobald unsere Pferde ihr Geschrei und den Lärm hörten und ihren schrecklichen Anblick gewahr wurden, scheuten sie und flohen wie wahnsinnig davon. Pfeilschnell flohen sie zurück, und die Reiter konnten sie nicht halten.*

Karls Reiter stürmten *pfeilschnell* dahin, jedoch in die falsche Richtung! Die sonst so tapferen Fußsoldaten sahen fassungslos ihre berittenen Kameraden flüchten, nahmen daraufhin ihrerseits schnellstens die Beine in die Hand und rannten angstvoll hinterher.

Hocherfreut und *langsamen Schrittes* folgte die sarazenische Armee, bei dem Tempo der Fliehenden konnte von Einholen keine Rede sein. Karl, sonst ruhmreich und siegessicher, sah seine Mannen tatsächlich zum ersten Mal von vorn. Wo eben noch die Helme blitzten, blickte er plötzlich in furchterfüllte Gesichter seiner Krieger. Eine nie gekannte, völlig neue Situation, die Karl jedoch der Sage nach mit "Köpfchen" meisterte.

Vor einem Berg, nicht weit entfernt von der Stadt, endete die Flucht der Truppen. Karl befahl, eiligst das Lager für die Nacht aufzuschlagen. Fieberhaft suchte er mit seinen Beratern nach einer Gegenlist, die rettende Lösung war bald gefunden. Karl ordnete

an, daß am nächsten Tag alle Reiter *die Köpfe ihrer Pferde mit Tüchern und Lappen verhüllen sollten, damit sie die Masken der Gottlosen nicht sehen konnten, und auch die Ohren sollten sie mit Stoffetzen verstopfen, damit sie den Lärm der Trommeln nicht hörten. Welch große und bewundernswerte List!*
Es funktionierte, es kam zum beabsichtigten Kampf:
Ward alsbald ein großes Blutbad
Daß es flog wohl hiehin, dorthin
mit dem Kopfe mancher Turban.[23]
Doch der erfolgreiche Durchbruch ließ noch auf sich warten. Denn, laut Legende, war bis zum Sieg noch eine Hürde zu nehmen, und dieser alles entscheidende Augenblick ist in Rethels Fresko im Krönungssaal des Aachener Rathauses festgehalten:
Zum besseren Verständnis muß man wissen, daß bei den Sarazenen ein Gesetz besagte, *daß niemand von ihnen aus dem Kampf fliehen durfte, solange er die Fahne aufrecht stehen sah.* Im Zentrum des Freskos ist auf einem Wagen, von acht weißen Stieren gezogen, der sarazenische Fürst dargestellt. In der Mitte des Karrens ist eine rote Fahne gehißt, weithin sichtbares Symbol des Kampfes für die Sarazenen, die sich in einem dichten Knäuel um den Wagen drängen. Auf einem wilden Schlachtroß sprengt Karl mitten ins Bild, *in Panzerhemd und Helm, von göttlicher Kraft überschattet.*[24] (Das arme Pferd muß sich völlig auf seinen Reiter verlassen, es sieht und hört nichts, denn Augen und Ohren sind mit Leinentüchern verbunden.)
Karl schwingt sein Schwert, es zischt durch die Luft, und mit kühnem Hieb köpft er die Fahnenstange: ... *sofort zerstoben die Sarazenen in alle Richtungen.* Die Schlacht ist entschieden: *Es erhob sich daraufhin in beiden Heeren ein großes Geschrei und mächtige Bewegung.*
Karl ist hier stolzer Sieger, daran gibt es - der Legende nach - nichts zu rütteln. Und auch der deutsche Dichter Friedrich Schlegel sah es so, ehrfurchtsvoll schrieb er nieder: *Karl war groß und allen furchtbar.*[25]

Ludwig der Fromme

Ludwigs "haarige" Erben

Der einzige überlebende Sohn aus der großen Schar der legitimen Kinder Karls des Großen war Ludwig der Fromme. Karl gab diesem Sohn einen typisch fränkischen Namen: Chlodwig, d. h. Ludwig.

Sein Namensvetter, Chlodwig I., ein berühmter Merowingerkönig, war wohl kaum in seinem Äußeren als Vorbild geeignet, denn *langwallende, zottige Haare* waren in jenen Zeiten das Markenzeichen der Merowinger. Ein byzantinischer Zeitgenosse schrieb recht befremdet über diese Haarmode: Die *Nachkommen hießen "cristatae", was die "am Rücken Behaarten" bezeichnet, denn sie hatten wie die Schweine Haare am Rückgrat.*[26]

Was nun die Haare betrifft, scheint Ludwigs Erbe sehr dürftig gewesen zu sein. Ludwigs zweite Frau Judith brachte ihrem Gemahl *in Frankonofurt am Moenus* einen Sohn zur Welt, Karl den Kahlen. Er sollte Ludwigs Lieblingssohn werden. Dieser Karl scheint im Laufe seines Lebens unter seiner Glatze arg gelitten zu haben, schließlich war Haarfülle drei Generationen zuvor noch ein Zeichen von Kraft und Stärke gewesen. Flugs machte der barhäuptige Karl aus der Not eine Tugend und beauftragte den *versgewandten Mönch* Hukbald von Sankt Amans, eine Hymne auf die Kahlheit zu Pergament zu bringen und deren Tugenden zu preisen.

Zurück zu Ludwigs Kinderjahren: Im Jahre 781 klemmte sich der stolze Vater Karl der Große sein knapp dreijähriges Söhnlein Ludwig unter den Arm und machte sich auf die lange, beschwerliche Reise nach Rom, um den hoffnungsvollen Sprößling dort von Papst Hadrian salben und krönen zu lassen. Fortan durfte sich der Knirps "König von Aquitanien" nennen.

Karl legte danach Ludwigs Erziehung in vertrauenswürdige Hände und schickte den kleinen Königssohn schnurstracks in sein eigenes Reich.

Bis zur Aurelianischen Stadt wurde er in einer Wiege getragen, doch ab da begann der Ernst des Lebens: *Dort aber* wurde er *mit seinem Alter angemessenen Waffen bekleidet* und kurzerhand *aufs Pferd gesetzt.*[27]

Ludwig entwickelte sich in seinen Jünglingsjahren prächtig, *er hatte eine starke Brust, breite Schultern, sehr starke Arme,* aber seine Beine waren *lang und nach Verhältnis dünn...*[28] Eine in sich etwas widersprüchliche Aussage, aber der Zeitgenosse wird sich den Jüngling wohl genau angeschaut haben! Weiter liest man: Sein Charakter neigte sich *schwer zum Zorn* und war *leicht zum Mitleid beweglich.*[29]

Systematisch wurde Ludwig auf die Nachfolge seines Vaters vorbereitet, und eines Tages, im Jahre 813, war es soweit.

Als aber der Kaiser (Karl) fühlte, daß der Tag der Auflösung nahte - denn er war schon sehr alt geworden -, berief er seinen Sohn Ludwig zu sich mit dem ganzen Heer, den Bischöfen, Äbten, Herzögen, Grafen und ihren Stellvertretern ... er ließ sie alle nach Aachen kommen und fragte sie, *ob es ihnen genehm wäre, daß er seinen kaiserlichen Namen auf seinen Sohn Ludwig übertrage.*[30]

Die Antwort war frenetischer Beifall. Nach solch feierlicher Befragung fand am 11. September 813, einem Sonntag, die eigentliche Zeremonie im Aachener Münster statt: Ludwig der Fromme wurde zum Mitkaiser gekrönt.

Vater und Sohn beteten lange am Altar, dann wandte sich Karl an Ludwig mit eindringlichen Ermahnungen, *vor allem Gott den Allmächtigen zu lieben und zu fürchten, seine Gebote in allen Stücken zu befolgen, die Kirchen Gottes zu leiten und vor bösen Menschen zu behüten.* Diese Worte fielen auf fruchtbaren Boden, denn der *glorreiche Ludwig* sollte ein gottesfürchtiger Monarch werden, *ein Tröster der Klöster.* Das Volk nannte ihn schon zu Lebzeiten Ludwig den Frommen.

Er nahm seine Aufgabe als Nachfolger Karls des Großen sehr ernst: *Niemals erhob er seine Stimme zum Gelächter, und selbst wenn bei großen Festen, zum Vergnügen des Volks, Schauspieler, Possenreißer und Mimen mit Flötenbläsern und Citherspielern bei Tisch vor ihm erschienen, und das Volk nach dem Maaß in seiner Gegenwart lachte, zeigte er nicht einmal die weißen Zähne beim Lachen.*[31]

Ludwig in der Badewanne

Ludwig der Fromme hatte so seine Gewohnheiten. Jeden Sonnabend badete er ausgiebig. Dieses Bad versetzte die gesamte Dienerschaft in erwartungsvolle Stimmung, denn kaiserliche Körperhygiene war nicht die treibende Kraft für dieses Ritual - nein, fromme Beweggründe waren die Triebfeder. Man höre und staune:
Nicht aus irgendeinem Bedürfnis, sondern wegen der Möglichkeit des Schenkens ...[32] badete er. Denn *alles, was er ablegte, außer dem Schwert und dem Wehrgehänge,* überließ er großzügig den Dienern, die sich anschließend um die Kleidungsstücke zankten und balgten.
Zu Ostern war das Gedränge in Aachen besonders groß. Der Kaiser genoß zur Abwechslung mal das "Bad in der Menge"! Auf dem heutigen Katschhof, zwischen Rathaus und Münster, ließ er das Volk an seiner Großmut teilhaben.
... allen, die im Palast aufwarteten und am Hofe des Königs dienten, teilte er Geschenke aus, je nach Grad ihres Standes. Die Adligen ließen sich *Wehrgehänge, ... Gürtel, ... wertvolle Kleidungsstücke* zuwerfen, die *Geringeren* bekamen *friesische Mäntel von jeder Farbe,* die Pferdewärter, Bäcker und Köche durften sich mit *Kleidern aus Leinen und Wolle und halblangen Schwertern* schmücken. Das Danksagen in kleinen Prozessionen nahm und nahm kein Ende, *da die zerlumpten Armen jetzt in erfreulichstes Weiß gekleidet durch den weiten (Katsch-) Hof von Aachen und durch die kleinen Höfe zogen, ... und ihr Kyrieleison für den glückseligen Ludwig bis zum Himmel erschallen ließen.*[33]
Der Aachener Geschichtsschreiber Karl Franz Meyer stellte sich vor, daß es dabei sehr munter zugegangen sein muß: *so erhob sich ein Freuden-Geschrey, das durch die Wolken drang; haufenweise warfen sie sich auf die Erde, und der eine burzelte über den*

andern, um nur der erste zu seyn, der ihm die Fuesse kuessen moechte.[34]

Und Ludwig riß die Arme hoch...

Zu Ostern des Jahres 817 geriet der Kaiser auf jenem besagten Katschhof in akute Lebensgefahr. Grund: Dicke fette Holzwürmer! Diese hatten sich jahrelang durch das Gebälk eines alten, *morsch und faul gewordenen* Säulenganges gefressen, der den Palast mit der Kirche verband.

Am Gründonnerstag nach Beendigung des heiligen Amts betrat der Kaiser diesen Gang mit feierlichem Gefolge, um in den Palast zurückzukehren. Es müssen aber ein paar Herren zuviel gewesen sein, denn plötzlich sackte der Gang weg. Ludwig riß die Arme hoch und sank schreiend in die Tiefe; pflichtgetreu gleich 20 seiner Begleiter hinterher, *und den ganzen Palast erfüllte das Gekrach mit Schrecken, denn alle fürchteten, daß etwa der Kaiser von den zusammenstürzenden Trümmern erschlagen worden wäre.*[35]

Ludwig kroch leichenblaß *unter einem staubenden Bretterhaufen*[36] hervor und wies nur einige kleine Blessuren auf; sie sind genauestens in den Annalen registriert worden: *als daß er sich mit dem Griff des Schwertes unten an der Brust verletzte und am Rand eines Ohrs die Haut etwas aufgerissen wurde; auch war der Oberschenkel nahe den Leisten durch einen Balken gequetscht.*[37] Diese Verletzungen waren dank der Kunst der Ärzte schnell wieder vergessen, und schon nach 20 Tagen *reiste er nach Nymwegen und lag der Jagd ob.* Das tat er, wie schon sein Vater, nur zu gerne. Der Dichter Ermoldus Nigellus hat Ludwigs Leidenschaft so beschrieben: *um zu stechen geweihstolzer Hirsche mächtige Leiber.*[38] Verständlicher ausgedrückt, wenn *die Hirsche am fettesten sind*. Nach erholsamen Tagen und Wochen war Ludwig gerne bereit, sich ernsteren Dingen zu widmen. Ausgiebig beschäftigte er sich in seiner Regierungszeit mit dem *Zustand der Kirchen und Klöster*. Die Folge war, daß er - so berichten es die zeitgenössischen Quellen - *von Tag zu Tag ... an heiligen Tugenden*[39] zunahm.

Lothar II. (~ 835 - 869)

Die Matrone und die Mäze

Eine Fundgrube besonderer Art stellte für unsere Histörchensammlung das Buch "Aachensche Geschichten" von Karl Franz Meyer dar. Nach der Lektüre dieses Buches wetterte schon Leopold von Ranke, der berühmte Historiker des 19. Jahrhunderts: Er wundere sich, *daß ein solches Buch überhaupt möglich gewesen wäre!*[40]

Im 18. Jahrhundert hat besagter Herr Meyer über Aachen in seinem ihm ureigenen unverwechselbaren Stil *behaglich-weitschweifig* geschrieben. Seine Phantasie läßt ihn die folgende Geschichte derart ausschmücken, daß sie heute noch jeden Leser zum Schmunzeln bringt.

Das Histörchen handelt von der tragischen Liebesgeschichte Lothars II., dem Urenkel Karls des Großen. Nach ihm ist übrigens das Reich Lotharingien benannt worden. Das aufregende Liebesleben des Königs hielt im 9. Jahrhundert eine ganze Generation Aachener in Atem.

Hauptfiguren der Tragikomödie waren zwei Frauen im Leben Lothars:

Seine Ehefrau Teutberg, eine *ehrbare Matrone,* und seine hingebungsvolle Jugendliebe, *die Mäze Waldrad,* die sein Herz gewonnen hatte, *und die noch immer eine Schiffsladung voll Zärtlichkeit für ihn besaß.*[41] Lothar wollte sich seiner Ehefrau entledigen und sie stillschweigend ins Kloster schicken. So kam ihm ein bösartiges Gerücht über sie sehr gelegen; angeblich habe sie ein Verhältnis mit ihrem Bruder. Das reichte. Er *sties seine Gemahlinn ohne fernern Komplimenten von sich, um sich in die Arme seiner bezaubernden Cleopatra zu schlingen.* Aber Matrone Teutberg war eine starke Persönlichkeit. Sie kämpfte mit Hilfe eines Gottesurteils um ihre Ehe.

Aus einem Kessel mit sprudelnd heißem Wasser sollte Teutberg einen *Ring, Nagel oder Stein* herausfischen, ohne sich zu verbrühen. So war es vorgeschrieben.
Die Probe wurde von der ehrbaren Matrone unverletzt überstanden.
Nach Meyer griff die Königin allerdings nicht eigenhändig in den Topf, weil *die königliche Würde dieses nicht zuließ*. Das Herausfischen des Gegenstandes überließ sie gnädig einem "hitzebeständigen" Mägdelein, das dieses physikalische Experiment anscheinend unbeschadet überstand...
Daraufhin wurde Teutberg von jeglichen üblen Verleumdungen freigesprochen. Jetzt hieß es: Zurück an den heimischen Herd.
Aber der halsstarrige König ließ sich nicht entmutigen und versuchte weiterhin, seine Ehefrau loszuwerden. Im Komplott mit dem Erzbischof Gunther von Köln und dem Erzbischof Theutgaud von Trier *war die Glocke bald gegossen*. Lothar jammerte, alles wolle er tun, *wenn (man) ihm nur die Teutberg vom Halse schaffen könnte*.
Lothar verlor alle Hemmungen und stieß wütend Todesdrohungen gegen die arme Teutberg aus. Schließlich war sie völlig verängstigt bereit, sich selbst vor der Kirche der angeblichen schändlichen Sünde mit ihrem Bruder zu bezichtigen. Als Zeugen wurden vier weitere Bischöfe aus dem heutigen Frankreich hinzugezogen, *von ... Rouan, ... Verdun, ... Meaux und ... Avignon.*
So stand die unglückliche Teutberg in Aachen zu festgesetzter Stunde vor dem Tribunal der herbeizitierten Bischöfe. Ergebnis: Die Scheidung wurde ausgesprochen und Teutberg ins Kloster abgeschoben. Lothar, der sich jetzt endlich ungebunden fühlte, *ließ alle Zufriedenheit über sein verjungfertes Leben von sich spüren.*
Der Weg war frei für Waldrad. Man wartete, wenn auch ungeduldig, mit gebührendem Anstand. Zwei Jahre später, am 29. April 862, wurde erneut eine Gesandtschaft nach Aachen geladen. Nun genehmigten endlich die Bischöfe die langersehnte Heirat, und Lothar *nahm die Waldrad, die durch ihr bezauberndes*

Liebäugeln sein Herz zu Wagen-Schmiere zerschmolzen hatte, für seine Gemahlinn. Als Hochzeitsgeschenk bekam die frisch Angetraute sogar die Krone zuerkannt.

Das war zuviel für Teutberg, der dies im Kloster zu Ohren kam. Hatte ihr treuloser Gatte die Bischöfe auf seine Seite ziehen können, so schaltete sie ihrerseits die oberste Instanz ein, den damaligen Papst Nikolaus I. Dieser war empört, fackelte nicht lange und rief die von Lothar bestochenen Erzbischöfe umgehend zu sich, *so stiefelten sie den Gunther und den Theutgaud nach Rom.* Dort schleuderte der Papst den Bannstrahl über die beiden Sünder; und ehe sie es sich versahen, waren sie *all ihrer Würden verlustig.*

Ab jetzt standen die Sterne schlecht für Lothar. *So bald er aber den Ausbruch des römischen Donner-Wetters vernahm,* schwenkte Lothar um. Auf Geheiß von Nikolaus I. schickte er Mäze Waldrad unverzüglich nach Rom, zwecks Buße. Dort traf sie allerdings nie ein, denn unterwegs besann sie sich eines Besseren und *strich nach Frankreich zurück,* fürs erste in ein Kloster. Nachdem nun beide Frauenzimmer hinter Klostermauern ruhiggestellt waren, begab sich Lothar nach Rom. Ein letzter Hoffnungsschimmer tat sich für ihn auf in Gestalt des neuen Papstes Hadrian II., doch auch der ließ nicht mit sich reden. Er verlangte unmißverständlich von Lothar Reue und die Wiederanerkennung Teutbergs. Lothar gelobte scheinheilig Besserung und empfing die heilige Kommunion. Gerade noch rechtzeitig, denn - so Meyer - der versuchte Meineid *verdroß den Allerhöchsten, der mit sich nicht spotten läßt, er schickte dem Lothar ein Fieber auf den Hals, ... so ward derselbe auf einmal stumm, und fuhr zu Piacenza am 8 ten August mit der Extrapost in die Ewigkeit.*

All diese Zitate zeichnen unseren Herrn Meyer als einen ausgesprochen phantasievollen Geschichtsschreiber aus. Tatsache bleibt: Dieser Prozeß hat tatsächlich stattgefunden und hat viele Gelehrte vor und nach Meyer fasziniert. Noch in diesem

Jahrhundert kommentierte der Aachener Historiker Huyskens Lothars Herrschaft trocken: *Während Lothars II. wenig erfreulicher Regierung waren die Räume der Pfalz und die Konzilien der lothringischen Bischöfe zu Aachen erfüllt von dem Lärm und Skandal seines Ehescheidungsprozesses.*[42]

Die Aachener im Mittelalter

Schummeln besitzt schon seit dem Mittelalter Tradition in Aachen. Schummeln mit Lügen gleichzusetzen, würde allerdings jeden Aachener entrüsten. Unter Schummeln verstehen die Bürger eher eine etwas schlitzohrige Art und Weise, der persönlichen Wahrheit und dem Recht ein wenig nachzuhelfen.

Erschlichene Privilegien

Von nachhaltigem Erfolg gekrönt war das Schummeln für die pfiffigen Bürger Aachens am 8. Januar des Jahres 1166. An diesem Tag überreichte Friedrich Barbarossa den Aachenern in einer feierlichen Zeremonie ein Pergament, gesiegelt und rechtskräftig durch eine goldene Bulle. Es war die Gründungsurkunde der Reichsstadt Aachen - der sogenannte Freiheitsbrief. Das bis dahin kleine Dorf wurde mit einem Schlag zum *Haupt und Sitz des Deutschen Reiches!*
Welch ein erhabenes Gefühl! *Es freue sich also und frohlocke in unsagbarem Jubel (dieses) Aachen, das Haupt der Städte, sein ehrwürdiger Klerus mit einem frommen Volk.*[43] Sie freuten sich und feierten, die "braven" Bewohner rund um die Aachener Pfalz, blinzelten sich wissend zu und rieben sich vergnügt die Hände. Den Bürgern war es tatsächlich gelungen, eine etwa fünfzig Jahre alte Fälschung als ein über 300 Jahre altes Original zu verkaufen. Es war geschafft, ob nun geschummelt oder nicht.
Diese Schummelei war von langer Hand vorbereitet. Geistliche sollen es gewesen sein, die in geheimen Zusammenkünften einen weit in die Zukunft reichenden Plan ausheckten. Ab Anfang des 12. Jahrhunderts entwarfen sie eine Urkunde, die glaubhaft den Eindruck erweckte, zu Zeiten Karls des Großen verfaßt worden zu sein. Die Kanoniker gingen geschickt zu Werke. Die Urkunde enthält "Geschichtliches" und "Sagenhaftes", ja sogar Karl selbst kam darin zu Wort. Er sprach unter anderem von Zeiten, da er die heißen Quellen entdeckt und auf den Grundmauern der alten römischen Badeanlagen eine Kirche erbaut hatte.

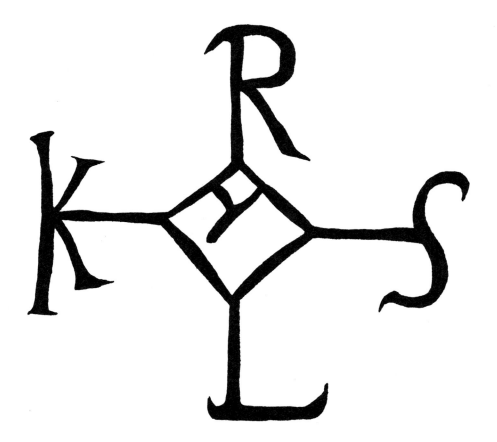

Unterschrieben war das Werk mit dem später berühmt gewordenen goldenen Strich, dem sogenannten "Vollzugsstrich" Karls des Großen. Er prangt mitten im Karlssiegel, das sich aus den Konsonanten und Vokalen von "Karolus" zusammensetzt. Das Original ist leider verschollen.

Wir lesen in dem sogenannten Freiheitsbrief Barbarossas (der für uns heute leider nur noch in einer Abschrift im Stadtarchiv existiert):

...siehe da legten uns die Brüder derselben Kirche (Kanoniker des Marienstifts) ein Privileg des hl. Karl über Gründung und Weihe der hochberühmten Kirche selber und über die Verordnungen menschlicher Gesetze und bürgerlichen Rechts eben jener Bürggerschaft vor. Und - jetzt folgt ein sehr wichtiges Argument: *...damit es bei seinem Alter nicht untergehe oder in Vergessenheit gerate!* Bei seinem Alter! Das Privileg muß wirklich echt gewirkt haben!

So haben clevere Aachener Bürger sich die Stadtrechte erschummelt - mit einem Zwinkern in den Augen. Daß sie davon gewaltig profitieren sollten, versteht sich von selbst! Überdies waren die Aachener überzeugt, es schon lange verdient zu haben. Mit dieser Einstellung befanden sie sich übrigens in bester Gesellschaft, denn auch andere Städte haben sich ihre Stadtrechte erschummelt - so zum Beispiel Hamburg.[44] Die Stadt an der Elbe ließ sich im 17. Jahrhundert in einer gefälschten Urkunde bestätigen, schon zu Zeiten Kaiser Karls eine "freie Stadt" gewesen zu sein. Die Bürger sahen diese Art von "Schummeln" nicht als Betrug an. Man bekam auf diese Weise nur das, was einem sowieso zustand - davon war man überzeugt.[45]

In diesem Zusammenhang bleibt nachzutragen, daß von etwa 270 überlieferten Urkunden Karls des Großen mindestens 100 gefälscht sind. Das waren die Aachener nicht allein![46]

Feste Mauern braucht die Stadt

Zurück zu Barbarossa: Durchqueren wir die Eingangshalle des Aachener Rathauses und steigen wir die Treppen hoch; oben

angekommen heißt es, Blick nach links! Ein riesiges Fresko von Albert Baur aus dem Jahre 1902 soll uns nun interessieren.
Friedrich Barbarossa beherrscht das Fresko als imposante Erscheinung. Stolz, mit weit ausholender Gebärde steht er da. Der Chronist Rahewin beschrieb den mächtigen Kaiser:
Die Augen sind scharf, die Nase zierlich, die Lippen fein und nicht durch breite Mundwinkel betrogen. Fröhlich und heiter wirkt sein Gesicht, aus dem die Zähne leuchten wie frischgefallener Schnee. Die Haut an der Kehle und dem nicht dicken, doch kräftigen Hals ist milchweiß... Die Schultern ragen ein wenig hervor, in den gedrungenen Weichen lauert Kraft. Die Schenkel ruhen höchst ansehnlich auf kraftstrotzenden Waden und geben dem Gang Feste und Gleichmaß. Durch solche Gestalt des Leibes gewinnt er im Stehen wie im Sitzen hohe Würde und große Ansehnlichkeit.[47]
An der Seite Barbarossas steht seine zweite Frau Beatrix - ganz in lichtem Himmelblau. Seine erste Frau war ihm nach seiner Kaiserkrönung in Rom nicht mehr genehm.
Man hatte ihr Ehebruch, Kinderlosigkeit und enge Verwandtschaft (letzteres hatte anscheinend vor der Ehe nicht gestört) angelastet. Sie durfte gehen.
Zwar war auch Beatrix von Burgund mit Barbarossa verwandt - er war ihr Onkel -, aber sie galt als schön und vor allem als tugendhaft! Ihrer Tugend konnte sich Barbarossa sicher sein, denn er hatte rechtzeitig dafür gesorgt, daß sie in einem Turm in aller Abgeschiedenheit über ihre Jugend nachdenken konnte. Beatrix besaß nicht nur äußere Reize, sondern auch erhebliche Reichtümer - ein wesentlicher Faktor!
Doch zurück zum Fresko:
Im Jahre 1171 hielt Barbarossa eine markige Rede an alle Bewohner Aachens, und sein ausgestreckter Arm bekräftigte einen beschwörenden Befehl: "Bürger, baut eine Mauer um Eure Stadt! Schützt sie gegen Feinde! Vier lange Jahre gebe ich Euch Zeit!" Und die folgsamen Bürger hoben die Finger zum Schwur: "So wahr uns Gott helfe!"

Von diesem Zeitpunkt an waren die Aachener mit viel Eifer tätig, karrten und schleppten Stein auf Stein heran, so daß der Mauerring um die Stadt wuchs: 2400 Meter lang, 8 bis 10 Meter hoch, etwa 1,70 Meter dick! Davor ein 25 Meter breiter Wassergraben! Um die Mauer optimal zu stützen, schichteten die Arbeiter außen dicke, kräftige Quader aufeinander, innen hinein aber kippten sie Geröll. Trotz des anfänglichen Eifers ging den Aachenern in der festgesetzten Zeit die Puste aus, sie brauchten knapp doppelt solange wie geplant. Erst nach sieben Jahren war das Werk vollendet. Die Mauer erfüllte ihren Zweck, und Aachen sah in schimmernder Ferne aus wie eine trutzige Burg, darin die Bürger sich geborgen fühlen konnten. Doch schon fünfzig Jahre später fühlten sich die Einwohner in dem mittelalterlichen Städtchen eingeengt. So gingen sie entschlossen daran, ihre geliebte Heimatstadt mit einer zweiten Mauer zu befestigen. Da dieses Mal kein Kaiser die Aachener zur Eile trieb, ließen sie sich Zeit - sie brauchten für die etwa 5500 m lange zweite Stadtmauer über 100 Jahre.

Übrigens, auf dem Fresko im Rathaus, das vom Schwur der Aachener Bürger erzählt, erkennt der Eingeweihte rechts unten in der Ecke beim genauen Hinschauen das Konterfei von zwei zeitgenössischen Würdenträgern. In den siebziger Jahren wurden während Restaurationsarbeiten Oberbürgermeister und Oberstadtdirektor nachträglich eingearbeitet.

Heiligtumsfahrten in Aachen

Glocken klangen über der Stadt Aachen, fremdländisches Stimmengewirr durchdrang die Gassen, unbekannte Gerüche erfüllten die Luft. Zigtausende von betenden und singenden Büßern wälzten sich durch die engen Gassen, rangen mühsam in Staub und Hitze nach Luft, preßten ihre paar Habseligkeiten fest an sich, und ließen sich verklärten Blickes im Sog der Menge mitreißen. Das Gewimmel war unüberschaubar und wollte kein Ende nehmen. Die Aachener konnten in diesen Tagen keinen Fuß vor die Tür setzen, ohne nicht sofort von den Menschenmassen hinweggespült zu werden.
Es war wieder einmal soweit - Heiligtumsfahrt in Aachen!
Man versetze sich ins 15. Jahrhundert: An einem einzigen Tag brechen 142.000 Wallfahrer über 10.000 Aachener herein. Eine alle sieben Jahre wiederkehrende "Invasion".
Seit dem Jahre 1238 zählte Aachen zu den langersehnten Zielen der Pilger aus der ganzen damaligen bekannten Welt. Im Jahre 1349 entschied das Aachener Stiftskapitel, die vier großen Aachener Heiligtümer in einem Sieben-Jahre-Turnus zu zeigen. Aachen entwickelte sich neben Rom und Santiago de Compostela zu einer der bedeutendsten Wallfahrtsstätten ganz Europas. Gegenstand der Verehrung sind bis heute die vier Aachener Heiligtümer. Im Jahre 799 wurden diese vier Stoffreliquien Karl dem Großen vom Patriarchen von Jerusalem als Reliquien vom *Orte der Auferstehung des Herrn* übersandt. Es sind das Kleid Mariens aus der Heiligen Nacht, die Windeln Jesu (im Mittelalter auch die Strümpfe des heiligen Joseph genannt), das Lendentuch Jesu und das Enthauptungstuch Johannes des Täufers.

Endlich, die Pilger sind da!

Aachen platzte während der Pilgerfahrten aus allen Nähten. Auf eine einheimische Nase kamen 14 internationale. Klar, daß die Einheimischen überfordert waren. Aber sie murrten wenig über die vielen Gäste, schließlich profitierten sie von ihnen. Und im

Dreißigjährigen Krieg bemerkte ein Chronist schelmisch: *Ja, so einiger Bürger alsdann ohne Gäst were, ... gienge eben wie ein Hund ohne Schwantz.*[48]

Das Stiftskapitel verließ sich bei Unterbringung und Verpflegung der Pilger auf die Hilfe der Stadt. Und da sich innerhalb der Stadtmauern kaum mehr Schlafstätten für die weitgereisten und müden Häupter fanden und alle Hospitäler hoffnungslos überfüllt waren, schlugen robuste Pilger außerhalb der Mauern ihre Zelte auf oder schliefen unter freiem Himmel.

Die Stadt selbst bereitete sich, so gut es ging, vor. Monatelang arbeitete sie auf diese 14 Tage hin. Die freie Sicht auf die Reliquien mußte gewährleistet werden. Die heiligen Stoffe wurden oben auf der Brücke zwischen Oktogon und Turm, in etwa 30 m Höhe für die Gläubigen ausgebreitet und gezeigt. Die Pilger drängelten sich von drei Seiten um das Münster, von Norden (Katschhof), Süden (Münsterplatz) und Osten (Domhof). Um die Sicht zu verbessern, bauten die Bürger ihre Häuser um. Bei diesen Umbauten rissen sie die Ziegel von den Dächern und trugen sogar ganze Dächer ab. Noch im Jahre 1804 hieß es in einem Heiligtumsgedicht: *Dächer wurden abgedeckt und die Aussicht ausgestreckt.*

Auf nutzbare Fläche kam es an. Dabei entstanden erhebliche Belastungsprobleme. Den Aachenern kamen zu Recht Bedenken, ob ihre Häuser nicht unter all den Pilgern zusammenbrechen könnten, denn die Gewichtsmassen waren nicht zu unterschätzen. Tatsächlich gab im Jahre 1440 ein Haus unter dem Gewicht der Pilger nach und stürzte in sich zusammen. 17 Wallfahrer ließen ihr Leben, 80 Menschen trugen schwere Verletzungen davon. Aus dieser Katastrophe lernten die Aachener, und wie geschickt sie sich nach dieser schlimmen Erfahrung zu helfen wußten, zeigen folgende Zeilen, *daß die Häuser ... nach Art der Schiffsräume, da sie mehr Menschen fassen sollten, mit Balken gestärkt würden.*[49]

Wer aber unten auf den Straßen stehen mußte und nach oben schaute, konnte später den staunenden Daheimgebliebenen erzählen: *Man sah von unten tausend Kehlen und Hälse, sah*

Adamsäpfel sich rühren und Frauen vor Erregung schlucken.[50] Das Gerangel um die besten Plätze war groß, ja, man mußte als echter "Öcher" schon kräftige Ellenbogen besitzen, um sich behaupten zu können.

Das Jahr 1491 gibt uns ein beredtes Zeugnis für die Geschäftstüchtigkeit der Aachener.

Die Bürger Hans Zoemmerman und Paul Seeger mieteten damals das riesige Gerichtshaus am Katschhof an. Sie wollten auf dem Dach soviele Plätze wie möglich den Pilgern anbieten - gegen Bezahlung, versteht sich.[51] Die Stadt aber behielt sich wohlwissend vor, sämtliche entstehenden Kosten *an dache, kendelen, wenden off anders*[52] von den beiden Geschäftsleuten übernehmen zu lassen. Ob die zwei dadurch steinreich geworden sind oder die Reparaturkosten die Einnahmen überstiegen, ist nicht bekannt.

Auch betuchte Hauseigentümer schlugen aus dieser Idee Kapital. Sie stellten Plätze auf den eigenen Dächern zur Verfügung, und noch heute kann man rund um den Dom Häuser entdecken, die oben eine großzügige Dachterrasse besitzen, extra angelegt für die Heiligtumsfahrten. Auf diesem Aussichtsplatz standen die Privilegierten, ebenfalls dicht gedrängt.

Einige Aachener Hausbesitzer boten im heißen Sommer 1496 einen besonderen Service an, um die Pilger vor Ohnmachtsanfällen zu bewahren. Sie stiegen mit ein paar Eimerchen Wasser bewaffnet auf die Dächer, um *von oben herab Wasser auf die Menschenmasse zu gießen.*[53] Manch verdutzter Pilger fühlte daraufhin dankbar einen kurzen, angenehm kühlen Schauer von oben. Doch schon nach wenigen Malen "Eimerhochschleppen" wurde den fürsorglichen Herren der Atem schwer, sie gaben erschöpft auf. Das Ganze war zwar lieb gemeint, doch angesichts der riesigen Pilgermenge war es ein Tropfen auf die heiße Stirn.

Dies nur ein Beispiel, wie sehr den Einheimischen das körperliche Wohlbefinden ihrer Gäste am Herzen lag. Verständlich, denn die Aachener wußten um die Strapazen. Nach Wochen und Monaten auf staubigen Straßen sehnten sich die erschöpften Büßer nach einem heißen Bad, um den Staub und Schweiß der Reise abzuwaschen. Das schien auch bitter nötig zu sein, denn über dem Pilgerstrom hing hartnäckig *ein mißduftendes Wölkchen von Ausdünstung weitgereister, ... nicht gewaschener Menschen.*[54] Großzügig ordnete die Stadt an, daß Pilger die komfortablen Thermen in Aachen "janz ömmesönst" benutzen durften.

Pilger von Stand hatten es leichter, sie ließen sich beim Gastwirt rechtzeitig anmelden. Dann erwartete sie bei der Ankunft eine besondere Erfrischung: neue Unterwäsche! Aber solch ein Service war die Ausnahme; Kleidung zum Wechseln war Luxus, je länger die Reise, desto heruntergekommener die Garderobe. Es blieb dabei; im Jahre 1517 kommentierte der Italiener Antonio de Beatus in Aachen naserümpfend: *Zu dieser Siebenjahresfeier gibt es einen so großen Zustrom von (Pilgern) ..., daß die Luft viele Meilen weit nach ihnen riecht.*[55]

Spieglein, Spieglein in der Hand

Wenn es einem Pilger endlich gelungen war, einen günstigen Platz zu erwischen, so wollte er den Heiligtümern so nah wie möglich sein. Dazu bediente er sich eines Tricks; er steckte die Reliquien symbolisch in die Tasche!

Mit Hilfe eines sogenannten Aachenspiegels (ein kleiner Handspiegel) blinkte er die vorgezeigten Reliquien kurz an und fing so geschickt ihr Bild ein. Der Spiegel versank daraufhin tief in der Pilgertasche, und der Wallfahrer trug ihn den weiten Weg nach Hause, in der Gewißheit, die vier Reliquien immer bei sich zu führen.

Wer das Glück hatte, nach langem Warten bis auf Tuchfühlung zu den Heiligtümern vorzudringen, der kramte schnellstens einen Rosenkranz, eine Medaille oder ein Pilgerzeichen hervor. *Anstreichen* wollte er die Reliquie, damit sich die Heilkraft des so geweihten Andenkens auf ihn selbst übertrug. Dieser Brauch hat sich bis heute erhalten.

Ein reicher Kaufmann aus Nürnberg, gut betucht, so die Legende aus dem 14. Jahrhundert, muß wohl etwas hastig und mit vor

Aufregung zitternden Fingern einen Golddukaten an das Marienkleid gestrichen haben. Das Geldstück entglitt ihm, verschwand in den Falten der Reliquie und wurde, trotz vorsichtigem Nachtasten, nicht mehr aufgefunden. Sieben lange Jahre ruhte der Goldtaler dort, bis er während der erneuten Heiligtumsfahrt beim Vorzeigen des Marienkleides klingend zu Boden sprang. Der Taler soll einen deutlichen *Eindruck* im Gewebe hinterlassen haben.

Philipp von Vigneulles im Gedränge

Einen besonderen Erlebnisbericht zur Aachener Heiligtumsfahrt gibt uns der aus Metz stammende Pilger Philipp von Vigneulles. Er hat einen Tag in der überfüllten Pilgerstadt verbracht und seine Eindrücke niedergeschrieben:
Am Abend des 16. Juli 1510 traf er zusammen mit anderen Gesinnungsgenossen in Aachen ein. Lange dauerte die Suche nach einer Unterkunft, obwohl sie *angesehene Leute waren.* Als sie endlich etwas gefunden hatten, mehr schlecht als recht, war nicht einmal mehr ein Gläschen Wein aufzutreiben - vom Essen redete er erst gar nicht...
Am nächsten Morgen hieß es für Philipp früh aufzustehen, denn die Messe durfte nicht versäumt werden. Derselbe Gedanke jedoch hatte Tausende von Frühaufstehern aus den Federn getrieben. Man drängte sich auf den Plätzen, in den Gassen und vor allem im Münster.
Diese Leute, Männer und Frauen hielten sich alle hinten am Rockschoss fest und blieben so hintereinander, indem sie dem ersten, der die Fahne trug und die Schaar führte, folgten, und sie drängten einander, so stark sie konnten ... Aber wenn einer von ihnen sich entfernt oder den Rock seines Vordermannes losgelassen hatte[56], war er verloren. Man sah ihn den Rest des Tages nicht wieder! Denn das Gedränge war so stark, *dass, wenn irgend jemandem ein Geldstück aus der Hand gefallen wäre, es ihm unmöglich gewesen wäre, es aufzuheben.* Unversehens fühlte sich so manch erschrockener Pilger aus dem Gleichgewicht gebracht,

in Folge des Gedränges wurden die Leute hochgehoben und weiter getragen.
Es bildeten sich Gemeinschaften, *so wählten sie den stärksten Mann ihrer Gesellschaft aus und liessen ihn an dem Ende eines Stockes irgend ein Abzeichen wie eine Fahne vorantragen.*
In der Kirche knieten Vigneulles und seine Reisegefährten Schulter an Schulter, Kopf an Kopf. Nach der Messe schauten sie sich die Stadt an, in Erwartung des großen Augenblicks. Mitten hinein stürzten sie sich in das Getümmel:
Die Straßen waren erfüllt von Gesang, Geschrei und eigenwilligen Gerüchen. Denn zeitgleich zu den Heiligtumsfahrten war ein Jahrmarkt aufgebaut (ein Vorläufer des heutigen, jährlich stattfindenen "Öcher Bend"). Die Gassen waren vollgestopft mit Ständen, hier buhlten die gewitzten Aachener lautstark um die Gunst der Gäste und priesen ihre Spezialitäten an. Die Pilgerbrote - später ab dem Jahre 1620 die "berühmt-berüchtigte" Aachener Printe mit Abbildungen der Heiligtümer - standen hoch im Kurs, denn sie überstanden lange Reisen unverändert hart. Um die Buden drängelten sich auch Verkäufer mit Bauchläden und boten fremdländische Spezereien, Gewürze und Andenken jeder Art feil. Auf diesem Markt fand sich alles, was das fromme Herz begehrte: Pilgerflaschen, Holzschnitte, Kupferstiche, Heiligtumsbüchlein, Wachslichter, Wallfahrtsfähnchen und - Achhörner.
Achhörner, auch Pilgerhörner genannt, waren irdene Hörner, *aus Ton gebacken, rot und blau gefärbt,* krumm oder gerade geformt. Zu Beginn jeder Aachenfahrt wurde mit ihnen die sogenannte *Freiheit ausgeblasen.* Wenn die Kanoniker im Münster den Marienschrein öffneten, bliesen die Wächter draußen auf den Stadttoren mit voller Kraft in ihre Achhörner. Ohrenbetäubender Lärm erfüllte die ganze Stadt. Jemand, der Stadtverbot hatte, konnte von diesem Moment an unbehelligt zum Münster pilgern.
Für *Diebe und Schelme* allerdings war das nicht gedacht!
Auch die Pilger durften schmettern. Dieser Brauch war bei jung und alt sehr beliebt, und sobald die Heiligtümer gezeigt wurden, stießen die Besucher kräftig in die Hörner. Es blieb dem

unmittelbaren Nachbarn nichts anderes übrig, als sich die Ohren zuzuhalten. *Kinder und große Leute blasen beim Zeigen so stark in die ... Pilgerhörner hinein, daß zwei nebeneinander stehende Personen sich nicht verständigen können.*[57] So erzählte der Chronist Noppius im Jahre 1632.

Man konnte die "Heiltums-Hörner" an jeder Ecke kaufen. Sie wurden in großer Anzahl von sogenannten "Hörnchenbäckern" in der Umgebung Aachens hergestellt. Nach den Heiligtumsfahrten wurden die Hörner mit nach Hause genommen und bei passender Gelegenheit wieder eingesetzt. Sie dienten von nun an als Wetterhörner. Die Menschen setzten sie an die Lippen, bliesen mit voller Kraft hinein und versuchten, *das Gewitter zu verscheuchen*. Bis zur Mitte des 19. Jahrhunderts sollen ältere Leute noch traditionsbewußt gegen Blitz und Donner angeblasen haben!

Doch wieder zurück zu Philipp von Vigneulles, der sich mit wachen Augen durch die Menge kämpfte. Es hieß auf der Hut sein, denn wie stets bei solchen Menschenansammlungen fühlten sich Taschendiebe in ihrem Element. In späteren Jahren kam es sogar so weit, daß einem an den Häusern angeschlagene Warnungen ins Auge sprangen: *Hütet euch vor Taschendieben!*

Unser Philipp war in der Zwischenzeit mit seinen Einkäufen fertig geworden und begab sich auf die Suche nach einem geeigneten Stehplatz, um die lang erwartete Zeremonie mit Hingabe erleben zu können. ... *alle Häuser rings um die Kirche waren so mit Leuten angefüllt und mit dicken Holzbalken so stark gestützt, dass es zum Verwundern war.*[58] Für ein paar Münzen erhielt er *auf einem dieser Häuser einen Platz, der ... ziemlich gut war.*

Mit Einsetzen des Glockengeläutes erfaßte die Menge ungeheure Erregung. Ein Prälat kündigte die Heiligtümer an. Er bezeichnete alle Stellen, wo sie gezeigt werden sollten, und vertiefte sich in *viele schöne Gebete und Ermahnungen*, die Vigneulles in seiner Schilderung *der Kürze halber übergeh(t)*.

Danach erschienen prachtvoll gekleidete Geistliche in einer Lichterkette von Wachsfackeln und Kerzen.

Als erstes wurde auf einem *runden, lanzenförmigen, mit reinem Golde überzogenen Stab* das Kleid Mariens getragen, sorgsam gefaltet und mit kostbaren Tüchern abgedeckt. Die Geistlichen trugen das Kleid in feierlichem Zug hoch zu der Galerie zwischen Oktogon und Turm und *breiten es in der ganzen Länge an der Aussenseite der Rundgänge auf einem andern Tuche aus Goldstoff vor den Blicken eines jeden aus. Da hätte man meinen sollen, die ganze Erde zittere von dem lauten Schall der Hörner und dem Rufen der Männer und Frauen, die "Barmherzigkeit" schreien, und es ist niemand da, dem nicht die Haare zu Berge stehen und Thränen in die Augen treten.*

Auch Vigneulles war gerührt und betete mit der ergriffenen Menge ein Vaterunser und ein "Gegrüßest seist du, Maria". Nur solange diese Gebete andauerten, wurden die Reliquien zur Schau gestellt. Mit jedem Vorzeigen der Heiligtümer verfuhr man *in derselben Ordnung*, unter lauten *Rufen und Trompetenstössen von seiten des Volkes,* so ohrenbetäubend, daß *man den lieben Gott nicht hätte donnern hören.*

Danach verlief sich das Volk benommen in den Gassen, und Vigneulles schrieb später überwältigt nieder, *dass es ein wunderbarer Anblick war.* Nach diesem tief aufwühlenden Erlebnis fühlte er sich auf wunderbare Weise gestärkt und getröstet. Er machte sich auf den Weg nach Kornelimünster, um auch dort die Heiligtümer zu verehren, allerdings nicht ohne vorher im Aachener Münster den Reliquienschrein Karls des Großen gebührend gewürdigt zu haben.

Vor den Aachenern aber lagen sieben magere Jahre bis zur nächsten Heiligtumsfahrt.

Nach der Aachenfahrt legte man die Reliquien sorgsam in den Marienschrein zurück. Dieser wird zur Zeit restauriert und soll spätestens im Jahre 2000 in neuem Glanz erstrahlen. Aus diesem Grund werden seit der Heiligtumsfahrt des Jahres 1986 die Heiligtümer in der Wappentruhe Richard von Cornwalls aufbewahrt.

Diese Truhe barg die Stoffreliquien traditionell nur in den Nächten der Heiligtumsfahrt.

Das Öffnen und Schließen ist nach wie vor eine Zeremonie: Zu Beginn jeder Heiligtumsfahrt muß ein Goldschmied das Schloß aufschlagen. Am Ende der Wallfahrt verschließt derselbe Goldschmied den Schrein, bzw. die Truhe, mit einem neuen kostbar ausgearbeiteten Vorhängeschloß. Das Schlüsselloch wird verplombt und der Schlüssel zerbrochen. Die Stadt nimmt den Schlüsselbart in Empfang, den Schlüsselgriff das Münster.

Das geschieht so seit dem Mittelalter. Daran hat sich nichts geändert.

Was sich aber entschieden geändert hat, ist das Reisen!

Über Stock und Stein - Reisen im Mittelalter

Zu Recht kann man den Wallfahrer als Inbegriff des mittelalterlichen Globetrotters bezeichnen. Seine markante Silhouette war weithin sichtbar: Ein breitkrempiger Hut ersetzte Regen- und Sonnenschirm, der lange Mantel nachts den Schlafsack, und der Wanderstab - eigentlich als Wegstütze gedacht - verwandelte sich bei Bedarf in eine Waffe, bei Angriffen von *Wölfen, Bullen und Hunden!* In seine Umhängetasche steckte der Pilger einen kleinen Laib Brot und Käse, Münzen, Ausweis, Tischmesser, Lederbecher, ein paar Feuersteine und, nicht zu vergessen, das "unbezahlbare" Empfehlungsschreiben von hochgestellten Persönlichkeiten. Viel Geld konnte ein solches Schreiben ersetzen, es war sozusagen eine kostenlose Kreditkarte, mit der man umsonst Unterkunft, Essen und Trinken herbeizaubern konnte. Eine Art *Tischlein, deck dich!*

Mit frommen Gesängen auf den Lippen - zum Beispiel "Sursum corda! - Empor die Herzen!" - zog man in Gruppen durch die Lande, dem jeweiligen Pilgerort entgegen.

Der Minorit Berthold von Regensburg predigte im 13. Jahrhundert: *Frauen sollen zu Hause sitzen und spinnen, sie sollen barmherzig sein und daheim büßen.*[59] Das hatte seiner Meinung nach auch gute Gründe, denn er befürchtete, daß *sie (mit) mehr*

Sünden als Ablaß und Buße[60] zurückkehren könnten. Die Damenwelt ließ sich jedoch kaum davon beeindrucken; im Jahre 1312 pilgerte z. B. eine Gruppe munterer Frauen aus Steyr in Oberösterreich alleine nach Aachen. Es gab viele Motive für eine Pilgerreise: Angeordnet als Sühnewallfahrt, freiwillig als eine Büßerfahrt oder seltener als reines Vergnügen - als eine Art Studienreise, um die Welt zu sehen.

Eine Sühnewallfahrt mußte der Sünder auf sich nehmen, wenn er sich in Wort und Tat *gegen Leib und Leben, gegen Gott und den Glauben* vergangen hatte, *bei Äußerungen gegen die Ehre geistlicher und weltlicher Behörden und bei Verstößen gegen die Sittlichkeit.*[61] Eine der ältesten urkundlich belegten Sühnewallfahrten hatte im Jahre 1265 Aachen und Umgebung zum Ziel. 18 Kölner Bürger mußten sie damals antreten und *an bestimmten Sonntagen barfuß und mit Ruten bedeckt der Prozession vorausgehen.*[62]

Um ganz sicher zu gehen, daß der Waller auch da landete, wo er hingeschickt worden war, mußte der Pilger sich seine Ankunft von einem Priester schriftlich bestätigen lassen. Es gab verschiedene Mittel, um die Buße zu erschweren. Zum Beispiel quälten sich die Pilger die lange Reise hindurch mit Erbsen in den Schuhen oder belasteten sich mit zwei "eisiner ring" um die Hüften.

Wer es sich leisten konnte, schickte anstelle der eigenen Person einen Stellvertreter los. Kaiser Sigismund verfügte im Jahre 1431, daß Heinrich der Reiche eine Sühnefahrt unternehmen mußte, weil er 14 Jahre zuvor Herzog Ludwig im Bart bei einem Streit *von rückwärts mit dem Schwert ... schwer verletzt* hatte. Jedoch stellte der Kaiser dem Herzog Heinrich großzügig frei, ob er *in eigener Person oder an seiner Stelle ein Graf oder freier Herr mit zwei Personen* nach Aachen pilgern wolle.[63] Es überrascht nicht weiter, daß Heinrich diese Wallfahrt nicht persönlich antrat, sondern sich bereitwillig vom Grafen von Montfort vertreten ließ.

Ja, selbst Ehefrauen, Ehemänner, Söhne und Töchter wurden geschickt. Im Jahre 1347 durfte sich die Gattin des Griesbachers Eckholf des Lierchenfelders auf eine Fahrt nach Aachen "freuen", um die Sünden ihres Ehemannes zu sühnen: *Darzu schaff ich ein Romwart und ein Aachwart, durch meiner sel hail, die mein hausfraw sol ausrichten.*[64]

Pilgern war kräftezehrend und außerdem ein gefährliches Abenteuer. Erster Schritt solch einer Reise war deshalb in weiser Voraussicht das Testament. Feste Straßen gab es kaum, und hinter jedem Busch lauerte Gefahr. Oft sahen die Waller ihre Heimat nicht wieder. Am 16. Juli 1496 wollten sich 70 Aachenpilger auf einer winzigen Fähre bei Bonn übersetzen lassen. Völlig überlastet kenterte das Boot und riß 63 Pilger mit in die Tiefe.

Trotz solcher Ereignisse war die Bereitschaft groß, alle Unannehmlichkeiten einer Pilgerfahrt auf sich zu nehmen. Der Hildesheimer Dechant Johann Oldecop beschrieb die mühevolle Reise eines Aachenpilgers: *Und es ist eine sonderliche und große Demut für einen Christen, der sich vom Seinigen für eine Zeitlang enthält und in fremdes Land zieht, Hunger leidet, Kummer, Hitze und Kälte, der übel empfangen wird in der Herberge, viel schlechter noch mit Speise und Trank und Nachtlager bedient ist.*[65]

Parlieren Sie Ungarisch?

Aus ganz Europa pilgerten reuige Sünder nach Aachen. Die ungarischen Pilger waren ein besonderes Völkchen. Sie hatten einen weiten Weg zurückzulegen, und eine Wallfahrt nach Aachen bedeutete eine halbe Weltreise! Das hielt diese Pilger aber nicht davon ab, besonders zahlreich zu erscheinen.

König Ludwig I. von Ungarn und Polen hatte in der Mitte des 14. Jahrhunderts die erste gotische Kapelle an das Münster bauen lassen, mit einer Bedingung: Stets hatte ein ungarisch sprechender Priester zur Verfügung zu stehen, um jeglichen babylonischen Sprachverwirrungen aus dem Weg zu gehen. Man konnte später in Aachen sogar einen Sprachführer erwerben, der einen dazu befähigte, *auf kurze Manier mit Ungarn zu parlieren.*

Schon im Jahre 1357 rüstete sich die Königin von Ungarn zur großen Reise und zog *mit siebenhundert Pferden zu unser lieben*

Frau gen Aachen.[66] Das ungarische Volk erhob das Aachener Münster zu seinem Nationalheiligtum, in dem die heiligen Könige Stephan und Ladislaus, der heilige Emmerich (Sohn Stephans) und der heilige Adalbert verehrt wurden.

Im 16. Jahrhundert wird berichtet, daß ungarische und böhmische Pilger nahe des Marienschreines all die Fesseln, Ketten und Fußschellen aufhängten, mit denen sie in türkischer Gefangenschaft gepeinigt worden waren. Auf diese Weise dankten sie der Muttergottes für ihre Befreiung. *Ein eigenartiger Anblick war es auch, wenn die Ungarn ihre Kerzen der Muttergottes von Aachen opferten. Dabei krochen sie auf den Knien durch das ganze Münster in langer Prozession bis zum Marienaltar mit dem Gnadenbild.*[67]

Die Aachener hatten sich extra auf die Ungarnpilger vorbereitet. Es war ein besonderes, lang erwartetes Schauspiel, wenn die Pilger *mit Kreuz und Fahnen,* fremde Lieder singend, in der Stadt eintrafen. Aufs herzlichste empfingen die Aachener die Gäste. Sie boten ihnen sogar ihre eigenen Betten an, und so manch erschöpfter Pilger versank zum ersten Mal seit Monaten in tiefen erholsamen Schlaf. Tagsüber verwöhnten Bürgermeister und hohe Beamte die Gäste, reichten ihnen eigenhändig ungarische Speisen und Getränke. Während des Essens erklangen vertraute Laute, und tanzende Bären oder der ungarische Nationaltanz waren festliche Höhepunkte. Die Ungarn waren wie alle Pilger davon überzeugt, daß diese Pilgerreise reichen Segen zur Folge hatte. Viele Brautpaare ließen sich in Aachen trauen. Zur Heiligtumsfahrt im Jahre 1993 gaben sich in alter Tradition zwei ungarische Brautpaare in der Aachener Kirche St. Foillan das Ja-Wort. An diesem Tag wurde auch eigens eine Plastik des heiligen Stephan von Imre Varga vor dem Münster eingeweiht.

Stau um Aachen

Zur Heiligtumsfahrt des Jahres 1349 erwarteten die Aachener einen besonders hohen Gast: Karl IV. Er hatte es sich in den Kopf gesetzt, während einer Heiligtumsfahrt sich in Aachen zum König krönen zu lassen, im Bewußtsein, *halb Europa* werde ihm zujubeln. Die vielen, von allen Seiten herbeiströmenden Pilger sollten ihm einen gewaltigen Strich durch die Rechnung machen.

Anfang Juli näherte sich Karl IV. in freudiger Erwartung der Krönungsstadt. Plötzlich überbrachte ein Kurier die ungewöhnliche Nachricht: "Pilgerstau rund um Aachen. Seine Majestät können nicht in die Stadt einziehen. Alles verstopft." Die Stadttore waren geschlossen, nichts ging mehr rein noch raus!

Hoffentlich hat Karl IV. sich nicht in den Finger geschnitten, als der Überbringer der Nachricht ihm kleinlaut erklärte, daß er in Aachen nicht einziehen könne. Denn Karl begrüßte Neuankömmlinge stets mit einer kleinen Eigenart: *Wenn er Leute empfing, war es seine Gewohnheit, mit einem Messerchen Weidenruten in kleine Stücke zu schnitzeln. Dabei sah er dem Besucher nicht ins Gesicht, seine Augen wanderten umher, und seine Gedanken schienen in der Ferne zu schweifen.*[68]

Geduldig mußte der König in Bonn warten. Tatsächlich wurde Karl IV. erst nach Beendigung der Heiligtumsfahrt, am 25. Juli 1349 im Aachener Münster gekrönt. Eine Heiligtumsfahrt hatte auch ein König zu respektieren.

Peter der Große

Der Zar im Erbsenbeet

Man schrieb das Jahr 1717.
Mit dunklen Gedanken saß Zar Peter der Große (1672-1725) in einem winzigen Kämmerlein in Aachen. Er war Gast bei dem befreundeten Aachener Tuchfabrikanten Johann Clermont, der ihn in sein hochherrschaftliches Haus (ehemals Franzstraße 45/47) eingeladen hatte.
Der Zar stützte seinen ungepflegten braunen Lockenkopf in beide Hände und stampfte mit seinen Stiefeln wütend auf den Boden. Seine großen Augen starrten unverwandt auf rabenschwarze Zimmerwände. Sie waren, seinem Wunsch gemäß, mit Aachener Tuch verhangen. In dieser Umgebung brütete der Zar übelgelaunt vor sich hin, Stunde um Stunde.
Wie war es dazu gekommen?
Peter der Große hatte eine Reise nach Paris unternommen, um dort im Mai 1717 die Verlobung seiner Tochter Elisabeth und Ludwigs XV. zu feiern. Nach sechs Wochen Aufenthalt in der französischen Hauptstadt fuhr er über Holland und Deutschland Richtung Heimat zurück und gönnte sich eine dreitägige Zwischenstation in Aachen.
Aachen hatte es sich nicht nehmen lassen, dem hohen Gast eine standesgemäße Bleibe anzubieten, und tatsächlich zog des Zaren Gefolge mit großem Pomp in ein auf Hochglanz gewienertes Hotel. Doch die Hauptperson behielt sich vor, privat zu logieren. In aller Ruhe, höchst bescheiden, doch guter Dinge, bezog Peter sein Domizil im Clermontschen Hause. Nur ein winzig kleines Kämmerchen verlangte er für sich, obwohl ihm Clermont großzügig eine ganze Zimmerflucht angeboten hatte. Es war *ein hinten heraus gelegenes kleines Stübchen mit einem Fenster, ... worin* der Zar *den größeren Teil derjenigen Zeit in einsamer Stille zubrachte, die er in Aachen verweilte.*[69] (Dieses Zimmerchen wurde später zu seinem Angedenken "Peters Kämmerchen"

getauft.) Einziger Komfort: Ein vertrauter Diener fürs Gröbste und ein Kabinettssekretär.

Nach den anstrengenden Verlobungsfeierlichkeiten war der Zar froh, einmal nichts zu tun. Die selbstgewählte Ruhe in Aachen entsprach aber eigentlich gar nicht dem Wesen des russischen Zaren. Er liebte es, geschäftig zu sein: *Auf seinen Reisen ermüdete er seine Begleiter durch sein unaufhörliches Herumrennen, um dies und jenes zu sehen, auch bei Nacht.*[70] Auch stählte er sich durch körperliche Ertüchtigung und maß gern seine Kräfte mit anderen. Es ist überliefert, *er habe bei seiner Begegnung mit August II.* [Nicht zu verwechseln mit August I. dem Starken.] *mit diesem um die Wette das Silbergeschirr in den bloßen Händen zerknüllt.*[71]

Aachen stellte dem Zaren kein Silber zur Verfügung. Stattdessen bot man ihm einen geruhsamen Stadtrundgang. Peter bewunderte die Heiligtümer im Dom, besichtigte das Kaiserbad und nahm an einem Vogelschießen auf dem Lousberg teil. Alles ganz beschaulich. Doch es war die Ruhe vor dem Sturm.

Mitten in diese Idylle flatterte dem Kabinettssekretär Peters des Großen eine höchst unangenehme Depesche auf den Tisch. Der Beamte brach das Siegel auf, las - und erbleichte: Der junge Zarewitsch hatte die Abwesenheit seines cholerischen Vaters genutzt und war aus Furcht vor ihm außer Landes geflohen. (Der Zarewitsch sollte seine Flucht später mit dem Leben bezahlen. Sein Vater ließ ihn zu Tode foltern.). Gleichzeitig brachen Unruhen in Rußland aus - das waren schlimme Neuigkeiten!

Dem Sekretär wich die letzte Farbe aus dem Gesicht; wie sollte er diese Hiobsbotschaft seinem Herrn beibringen? Denn er wußte um das unbeherrschte Naturell des Zaren.

Schon die Zeitgenossen Peters hatten dies erkannt. Friedrich der Große zum Beispiel beschrieb den Zaren in einem Brief an den Philosophen Voltaire: *Zum Vorbild für alle Fürsten fehlte ihm nichts als weniger barbarische und grausame Sitten.*[72] Historiker sollten es später so formulieren: *Seine ungezügelte Grausamkeit*

überschritt das Maß, das mit seiner Zeit und seinem Land als normal oder notwendig entschuldigt werden könnte.[73]
So traf der Sekretär eilends entsprechende Sicherheitsvorkehrungen, *ehe er seinem Herrn die eingelaufene Depesche vorlegte.*
Zuerst suchte er den Gastgeber. Clermont fiel aus allen Wolken, als der Staatssekretär mit besorgter Miene auf ihn zugerannt kam und ihm außer Atem folgenden Rat zuflüsterte: Er *ersuchte ihn dringend, daß jede menschliche Seele im Umfange des Hauses auf eine kurze Zeit sich ganz aus der Nähe des Kaisers zurückhalten möchte.* Er könne für nichts garantieren, so zischte er, es könne tatsächlich angehen, *daß der nach einer solchen Nachricht gewöhnlich die freie Luft suchende Kaiser in den ersten Aufwallungen seines Zornes denjenigen, der ihm zuerst vor die Augen käme, sehr übel anlassen würde.*
Dem Hausherrn lief ein Schauder über den Rücken. Entsetzt starrte er sein Gegenüber an; erinnerte er sich doch nur zu gut an all die Geschichten, die über die Grausamkeit des russischen Monarchen im Umlauf waren. Hinter vorgehaltener Hand flüsterte man, daß er ein Massaker unter den Strelitzen befohlen hatte. In seinem Blutrausch habe er angeordnet, zwei Verräter durch Zerschneiden in Scheiben hinzurichten.[74] Auch des Zaren engste Umgebung hatte zu leiden: Der Geliebten des Zaren war es schlecht ergangen, als er sie mit einem männlichen Bettgenossen antraf: Der Zar ließ die Dame seines Herzens enthaupten, doch ihren Kopf behielt er als Andenken bis zu seinem Tod bei sich im Schlafzimmer. Ein solches Souvenir sandte er auch seiner Ehefrau ins Schlafgemach. In rasender Eifersucht hatte er ihrem Liebhaber den Kopf abschlagen lassen und ließ ihn, in Alkohol konserviert, an ihr Bett reichen.[75]
Da der Fabrikant Clermont es vorzog, seinen Kopf noch ein paar Jährchen auf den Schultern zu tragen, befahl er, wie gewünscht: Sofort absolute Ruhe in seinen Gemäuern!
Zwar schien Vorsicht geboten, doch wollte Clermont sich das angekündigte Schauspiel nicht entgehen lassen. Also schlich er

behende in sein Gartenhäuschen und verbarrikadierte sich dort für alle Fälle. Dann harrte er der Dinge, die da kommen sollten.
Plötzlich wurde die Haustür aufgerissen, und *mit ergrimmter Gebärde* stampfte der kaiserliche Naturbursche über den Hof und *stürmte ihn in heftiger Gemütsbewegung zu mehreren Malen auf und wieder ab.* Wie immer in krummer Haltung, Strümpfe, Hose und Rock verlottert, die Haare zerzaust,[76] in seiner Miene den gefürchteten *Befehlshaberblick* - insgesamt ein nicht gerade erbaulicher Anblick für den eleganten Tuchhändler.
Bedrohlich näherten sich die Schritte des Zaren dem Gartenhäuschen.... Das hätte gefährlich werden können, doch diesmal lief alles glimpflich ab. Zum Glück war kein menschliches Wesen in der Nähe. Ein schlichtes Erbsenbeet stoppte rechtzeitig die in Rage geratene russische Herrscherseele: Breitbeinig pflanzte sich der Zar vor dem Gemüsebeet auf, und jetzt mußten die armen Erbsen dran glauben. Der Zar verurteilte das wehrlose Erbsenbeet zum Tode. Mit verzerrten Gesichtszügen riß Peter energisch einen Stock aus dem Beet und schlug mit gezielten Hieben alle Erbsen kurz und klein. Da wuchs kein Halm mehr, geschweige denn eine Erbse!
Nach getaner Arbeit flog die Rute im hohen Bogen ins verwüstete Gemüse. Der Zar atmete tief durch, strich seine Kleidung glatt und ordnete seine Gedanken. Äußerlich zwar gefaßt, verfiel er in tiefe Trauer; so sehr, daß er seinen Gastgeber ersuchte, *das Zimmer unverzüglich von oben bis unten mit schwarzem Tuche behangen zu lassen.* Gesagt, getan. Das gemütliche Stübchen verwandelte sich unversehens in ein schwarzes Loch. Das berühmte Aachener Tuch, dichtgewebt, zeigte Wirkung, kein Lichtstrahl drang hindurch. *Und in diesem lugubren (traurigen) Aufenthalte brachte der Zar noch einige Tage in tiefer Stille zu!*

Der Aachener Friedenskongreß 1748

Im Jahre 1748 wurde der "Aachener Friedenskongreß" in der damaligen weltoffenen Badestadt abgehalten; er sollte die Streitigkeiten zwischen den europäischen Großmächten beenden. Acht lange Jahre tobten die Kämpfe um die Machtansprüche der Kaiserin Maria Theresia von Österreich.

Maria Theresia war die älteste Tochter Kaiser Karls VI. Auf Wunsch des Vaters bestieg sie nach seinem Tod 1740 den Thron von Österreich, Ungarn und Böhmen. Sie war zu diesem Zeitpunkt 23 Jahre alt und galt als jung und unerfahren. Daraufhin witterten Spanien, Bayern und Sachsen, unterstützt von Frankreich, ihre Chancen. Sie glaubten, mit der jungen Kaiserin ein leichtes Spiel zu haben, und machten ihr den Thron streitig. Friedrich der Große erkannte die Gunst der Stunde, schlug skrupellos als erster zu und eröffnete die Kampfhandlungen, *ein Donnerschlag, der nach und nach die Mächte in den Konflikt hineinzog.* So blieben Maria Theresia und Friedrich der Große nicht lange allein auf dem Schlachtfeld. Maria wurde in den Spanischen Erbfolgekrieg verwickelt, und Friedrich brach nach dem Ersten bald auch den Zweiten Schlesischen Krieg vom Zaun. Jeder der Beteiligten versuchte, sich aus dem "Kuchen Österreich" ein größtmögliches Stück für sein Land herauszuschneiden.

Und alles nur, weil das damalige Europa die Machtansprüche der Habsburgerin nicht anerkennen wollte! Trotz dieser schwierigen Situation gelang es Maria Theresia zum Schluß, sich in dieser Männerwelt zu behaupten.

Die "Kuchenschlacht" am grünen Tisch sollte im Aachener Rathaus stattfinden. Im Jahre 1748 kam es zu endgültigen Friedensverhandlungen.

Dreck, Gestank und "lumpe Maul-Doctoren"

Schon ein Jahr vorher ging es in Aachen hinter den Kulissen hoch her, als man die langersehnte Nachricht erhalten hatte, daß hier ein Friedenskongreß auf europäischer Ebene stattfinden sollte.

Die Aachener freuten sich; so ein Kongreß brachte Schwung in das sonst so geruhsame Badeleben: *Unter die Fremden mischten sich Abenteurer und Falschspieler und echte und falsche Barone. Um den Brunnen promenierten die graziösen Französinnen, die steifen Holländer und die gutmütigen, aber groben Deutschen, die man an ihrem ewigen Fluchen kenne.*[77] Und vor allem kurbelte der Kongreß die Wirtschaft so richtig an.

In den folgenden Monaten setzte in Aachen eine hektische Bautätigkeit ein; die Stadt sollte herausgeputzt werden, um sich als Friedensort würdig zu erweisen. Blitzschnell hatten die Aachener die neue Situation erfaßt, und die Preise schossen in die Höhe. Ein englischer Gesandter sollte gar 4000 Pfund Sterling als Jahresmiete für ein Haus zahlen. Das war Wucher.

In Österreich hatte man solche Auswüchse befürchtet, und erste Klagen bestätigten dies. So nicht. Ein diplomatisches Schreiben traf postwendend aus Wien ein: *alle schnöde und schimpfliche Gewinnsucht* sei zu unterbinden. Natürlich half das nichts.

Dem Rathaus wurde der letzte Schliff gegeben. Gottseidank hatte man mit dem Umbau dieses Gebäudes schon einige Jahre zuvor begonnen, damals in der Hoffnung, außer als Badestadt auch als Kongreßstadt entdeckt zu werden.

War das Innere des Rathauses schon in Angriff genommen, so mußte man sich natürlich auch um das "Drumherum" kümmern. Der Katschhof, beschwerte sich der Chronist Janssen, *der zwischen dem Rathause und Münster gelegene umbaute alte Pfalzhof*[78], sei ein *Dreck- und Gestank-Platz.* Er präsentierte sich als eine einzige Müllhalde, wurde doch hier von der halben Stadt, so schreibt Janssen empört, *aller Aufflat* abgeladen. Dem sollte ein Ende gesetzt werden. In Zukunft sollte der Katschhof als gepflegtes Schmuckstück *rein und sauber ... gehalten werden.* Dieser Appell verhallte ungehört, und die Aachener hinterließen gleichgültig weiterhin hartnäckige Spuren.

So heftig Chronist Janssen diese Mißstände auch anprangerte, so heftig verteidigte er im Folgenden das geliebte Aachener Quellwasser. Er berichtete von:

2 frembde Missgönners von Doctoren, welche sich zu Spah aufgehalten. Diese unterstehen sich uns Aacher warm Mineral-Wasser zu verachten, ... als wan dasselbe ganz und gahr nichts nutz, und dem Patienten mehr schädlich als nur Gesundheit wär, und dass es kein rechtschaffen Mineral-Wasser.[79]

Janssen tobte:

O ihr armseelige Neuwling, ihr säu säuw Doctoren, wist, und habt ihr dan von so viele frembte hiehin kommende Kranke, Krüppel, Lahme Leuth oder Menschen dan keine Nachricht besser als so, so muss man auch ihr zwey lumpe Doctoren ein guter Brill geben ... so werdt ihr arme onbelesene Doctors sehen, was unser Wasser vermag. ... wovon man ganze Register voll hat, die allhier seind courirt worden.[80] Und des Chronisten Empörung gipfelt in einer wahren Schimpfkanonade: *wan ich euch ihr lumpe Maul-Doctoren je etwan zu befählen hätte, ich wollte euch dieses vor aller Welt thun wiederrufen, und vor nichtsnutzige aus dem Lande lassen hinausjagen.*[81]

Der *löbl. Magistrat* verlangte auf der Stelle Widerrufung von diesen *2 Haluncken;* ob's geschah, ist der Schriftquelle leider nicht zu entnehmen. Jedenfalls hat unser Aachener Quellwasser diesen "Sturm im Wasserglas" heil überstanden. Qualität bürgt eben für sich!

Elf-Trappe-Gesech

Auch sollte das Kulturleben Aachens durch den Friedenskongreß profitieren. So bekam Aachens vielbeschäftigter Architekt Couven den Auftrag, die sogenannte Acht, das ehemalige Gerichtsgebäude am Katschhof, und die alte Tuchhalle zu einem modernen Theater umzubauen. Mit dieser Neuheit wollten die Stadtväter den Gesandten einen amüsanten Ausgleich für ihre diplomatische "Knochenarbeit" bieten. Direkt hinter dem Rathaus war das Theater zentral gelegen und sollte für die Herren Gesandten nach den Aufregungen des Tages zu Fuß zu erreichen sein. Heute steht dort ein Verwaltungsgebäude der Stadt Aachen.

Doch mit diesem Theaterprojekt und seinem Raumprogramm hatten sich die Stadtväter wohl übernommen. Dem Anlaß entsprechend hieß die Devise: Klotzen, nicht Kleckern! *155 Parterreplätze, 84 Plätze in 14 Parterrelogen, 100 Plätze in 15 Balkonlogen und 230 auf den Gallerien, im ganzen etwa 560 Plätze!* Nicht zu vergessen ein herausnehmbarer Tanzboden. Die Verantwortlichen gaben sich alle Mühe bei der Ausstattung. Aber die Aachener Handwerker lieferten ausgerechnet in diesen Jahren miserable Arbeit. Man schimpfte *über die Faulheit der Werkleute und die schlechte Aufsicht.*[82] Als das Theater endlich fertig war, als die ersten Vorstellungen liefen - da hatte sich der Kongreß schon drei Jahre zuvor in Wohlgefallen aufgelöst!

Zu guter Letzt setzte die Bauaufsicht auf die eine Seite des Theaters eine Schule und quetschte darüber noch einen Speicher. Das war knapp kalkuliert. Und als man ein Jahr nach Beendigung der schlampigen Arbeiten im Jahre 1752 den Speicher mit 200 Malter Getreide füllte, kam auch prompt die Quittung: *Das ganze Gebäude wurde davon gespalten und ruiniert, obwohl man die Last schleunigst entfernte.*

Der Schock hielt jedoch nicht lange vor, 20 Jahre später zwängte man in das Gebäude noch zu allem Überfluß eine Spielhölle! Jetzt hatten die Aachener alles unter einem Dach: Vergnügen, Bildung, Laster! Und draußen, im Freien: Nervenkitzel!

Die ausübende Gerechtigkeit sorgte auf dem Katschhof durch Exekutionen für Spannung, direkt vor der Tür des Theaters! Das war sogar eine ernstzunehmende Konkurrenz, denn wer bezahlte schon Geld fürs Theater, wenn man im Freien umsonst etwas geboten bekam?

Und so setzten an Tagen, an denen eine Exekution angesetzt war, sowohl der Delinquent, als auch der Direktor des Komödienhauses ein "Elf-Trappe-Gesech" auf.

Dieses bedeutet für die Aachener ein "Armesündergesicht". Es ist ein Relikt der Rechtsprechung aus älteren Tagen. Im Mittelalter führte eine elfstufige Treppe auf die Estrade vor dem ersten Geschoß des Aachener Rathauses. Dort tagte das Gericht und von dort aus verkündete der Bürgermeister u. a. auch Todesurteile. Unten, am Fuß der Treppe, erwartete der ängstliche Delinquent mit einem Armesündergesicht das Urteil.

So ein Gesicht zog also auch unser Theaterdirektor, wenn er über die roten Zahlen nachdachte, die seinem Haus an solchen Tagen drohten. Selbst seine treuesten Abonnenten blieben dann seinem Musentempel fern und mischten sich lieber unter die geifernde Menge, die einen Steinwurf entfernt dem realistischen Schauspiel einer Hinrichtung entgegenfieberte. So wurde tatsächlich zähneknirschend der Theaterspielplan bis ins Jahr 1803 mit dem Scharfrichter abgesprochen und den Hinrichtungen angepaßt.

Doch zurück zum Friedenskongreß:

Der bereits erwähnte kritische Bürgermeisterdiener Janssen hat uns durch seine Aufzeichnungen interessante Einblicke hinter die Kulissen des Friedenskongresses gewährt.

Ihre Exzellenzen werden erwartet

Am 25. Januar 1748 kündigte eine schnittige Staatskarosse beginnende Friedensaktivitäten in Aachen an. Die aus Wien kommende Kutsche ratterte in die Stadt hinein - leer! Graf Wenzel Anton von Kaunitz, der österreichische Gesandte Maria Theresias und spätere Staatskanzler, ließ fürs erste von ferne grüßen. Mehr als 30 Mann Bedienung sandte er erst mal vorneweg, mit *Bagage* und allem drum und dran, inklusive Kronleuchter. Die Aachener tuschelten: *ihr Excellens wird auch bald eintreffen und wird alle Tag erwartet.* Doch der Graf ließ sich Zeit; erst knappe zwei Monate später erschien er selber, reichlich angeschlagen von der langen, unbequemen Reise. Denn es herrschte *ein solches übeles Regenwetter und auch Abgang des Schnees und grosses Wasser, dass Menschen und Pferdt übel ausgesehen haben.*[83] Bis zu den *Grenssen vom Reich Aach* ritten die Aachener ihm mit großem Aufgebot entgegen: *50 Mann Prins Delingesche Dragouner voraus, und hernach 50 Mann Churpfälz. Cavallerey sambt Stadt-Vogt-Mayor Hr. von Honseur.* Man wußte, was man an Ehrerbietung schuldig war!

Graf Kaunitz bezog bei der Gräfin Goltstein in der Jesuitenstraße sein Quartier. Seltsame Dinge geschahen in jenen Tagen: Zum Entzücken der Gräfin und zum Staunen des Österreichers hüpfte und flatterte dort täglich *eine schneeweisse Spatz ... im Hof herum*. Der kleine Albino war mit dem Picken nach den täglichen Körnchen schwer beschäftigt, *auf Platz bij die Pferdestall*. Auch war *bij Ruremondt ein schneeweisse Swalbe ... mit Wasser geschossen worden, ... in ein Kiffig gesetzt und ganz zahm befunden worden, und also hier in Aachen bracht bij die hohe Gesandtschaften*. Chronist Janssen kann sich nicht genug darüber wundern: *ich hätt es nicht geglaubt, wenn ich sie selbst nicht gesehen hatte.*[84] Weiße Schwalbe und weißer Sperling, Symbole für Friedenstauben? Legenden haben ihre eigene Sprache, warum also nicht!

Erwähnenswert ist auch noch der englische Gesandte, Sir Earl Montague of Sandwich, der vier Tage vor seinem österreichischen Kollegen, am 14. März, in Aachen eingetroffen war.

Der Leser fragt sich, ist Sandwich etwa gleich Sandwich? Es ist. Sie haben sich nicht geirrt! Nach diesem adeligen Herrn sind die doppelstöckigen, in aller Welt so beliebten Sandwich-Brote benannt. Der Earl, eine fanatische Spielernatur, soll einen Tag und eine Nacht lang ununterbrochen Karten gedroschen haben. Dabei hat man ihm auf seinen Wunsch hin als "Wegzehrung" während dieses rekordverdächtigen Spieles ausschließlich belegte Brote zugeschoben. Seitdem haben diese den Namen des uralten Adelsgeschlechtes übernommen und tragen ihn bis heute.

Graf Sandwich ließ übrigens im Sommer seine Ehefrau herbeizitieren, denn auf gesellschaftlicher Ebene tat sich einiges in Aachen. Da gab es festliche Veranstaltungen, z. B. ein großes Fest auf dem Lousberg, *allsolche Ehr hatt der Lauss-berg vielleicht sein Leben nicht gehatt, des Abens haben sie Feuerwerck darauff gemacht, ... daß man von Ferne gemeint es wär ein Lager darauf aufgeschlagen.*[85] Man organisierte auch einen "Ball masqué" mit Tanz im Krönungssaal bis sechs Uhr früh oder Ausflüge in die Umgebung.

Graf und Gräfin Sandwich amüsierten sich köstlich, müssen aber sonst nicht leicht zufriedenzustellen gewesen sein, Adel verpflichtet. Die beiden nahmen für sich in Anspruch, aufs angenehmste zu logieren; dreimal packten sie ihre sieben Sachen und suchten eine neue, standesgemäßere Bleibe. In neun Monaten!

Am Kongreß vorbeigepolstert

Nachdem alle 15 Gesandten, anfangs Schlag auf Schlag, dann aber zunehmend schleppender, in Aachen eingetroffen waren, setzte sich jeder einzelne an seinen neuen Schreibtisch, sann über den zu schließenden Frieden nach und - über seine eigene Person, wie er sie am besten zur Geltung bringen könnte!

Damit sich keiner der Gesandten während der kommenden Verhandlungen auf den staatsmännisch gebundenen Schlips getreten fühlen konnte - es galt eventuell auftretende Streitigkeiten aufgrund der Standesunterschiede sofort im Keim zu ersticken -, faßten die Aachener eine Lösung ins Auge. Sie hatten - weiß Gott - jahrhundertelang durch die Krönungszeremonien Erfahrung gesammelt. So zeigten sich sich verständnisvoll und aufgeschlossen für diese sensible Thematik und fühlten sich den damit verbundenen Herausforderungen gewachsen. So *ist das Rathaus also köstlich eingerichtet worden, das es eine Residentz eines Kaysers hätte sein können.*[86] Zum Konferenzzimmer wurde *das Rathszimmer schier am Katschhoff gelegen,* erkoren.[87] Nach dem Umbau führten fünf Türen in den Raum, so daß keiner der eintretenden Gentlemen gezwungen gewesen wäre, vor dem anderen - ihn höflich in höherer Stellung vermutend - einen Schritt rückwärts zu tun, jeder konnte seinen eigenen Auftritt inszenieren.

In der Mitte des Raumes prangte ein runder Tisch, klug ausgewählt, ein *Oben oder Unten* war somit hinfällig. *Der Tisch, da sie ansaßen, war mit grünem Sammet Bedeckt und biß an der erden Behangen drey hoch mit Gold ganoliert, und hielte in seiner Circumferentz bey 35 Füß.*[88]

Die Sesselen waren ebenfalß kostbahr von grünen Sammet... Diese "Fauteuils" sollten ursprünglich in Frankreich hergestellt werden, die Kostenvoranschläge aber ließen die Aachener davor zurückschrecken; sündhaft teuer wäre der Import geworden. Da produzierten die sparsamen Aachener doch lieber eigene Sitzmöbel, *und zwar köstlicher als die in Frankreich, und kosten noch nicht die Halbscheyd.* Das ganze ausgetüftelte Sparprogramm hatte nur einen Haken. *Der Fried ist beschlossen worden ehe die Sessel fertig seind, allwo die Gesandten sollten auf sitzen in das Conferens-Zimmer.*[89] Die Aachener hatten am Kongreß vorbeigepolstert!

Das war letzten Endes sowieso egal, denn die Gesandten ignorierten, ohne mit der Wimper zu zucken, den kostbar eingerichteten Raum und zogen es vor, heimlich in ihren jeweiligen Unterkünften gemütlich bei einem Gläschen Wein die europäischen Grenzen hin und her zu schieben. Es dürfte sicherlich eine privatere Atmosphäre geherrscht haben als im prunkvollen, wenn auch halbfertigen Rathaus.

Zusammenfassend läßt sich sagen: Die Aachener zeigten sich zwar in den Vorarbeiten ausgesprochen großzügig, aber mit der zeitlichen Koordinierung haperte es gewaltig: Als endlich ein Ende der Verhandlungen abzusehen war, war das Theater noch mitten im Umbau und die Aachener polsterten noch eifrig an den Sesseln herum. Aber, immerhin, der prunkvoll ausgestattete Friedenssaal mit seinen fünf Türen war vorzeigbar. Jetzt fehlten nur noch die Gesandten! Aber die waren in der Zwischenzeit mit ihrer Geduld am Ende - die Aachener warteten vergeblich auf sie im Rathaus.

Es bleibt Spekulation, wo der Friede tatsächlich rechtskräftig unterschrieben wurde. Vielleicht in einem Lokal oben am Markt; auf jeden Fall nicht im Rathaus.

Chronist Janssen schlug die Hände über dem Kopf zusammen: *Dieses kann ich nicht begreifen. ... und stellen die Stadt in so grosse Unkosten und so unnöthige Unkosten ... das schöne*

Conferens-Zimmer, welches zu dem End mit sambt Disch, Stuhl, Behängsel, Gardinen und alle Zubehör ist verfertiget worden! Und anklagend geht es weiter: *Aber alles ist also in der Still beschlossen worden ohn Ceremonien noch Haubt-Confrencen aufm Stadthaus zu halten. Also hat Magistrat all ihr angewendete Unkösten umbsonst gethan.*[90]

Natürlich tauchten Gerüchte über das Warum und Wieso auf; und Herr Janssen, der anscheinend Augen und Ohren überall aufsperrte, konnte verärgert im stillen Kämmerlein in sein Tagebuch notieren: *Man hat endlich die Ursach vernommen, waumb keine Conferentien noch Publikation aufm Stadthaus seind geschehen.*[91] Die drei Hauptgesandten von Österreich, Frankreich und Spanien waren sich angeblich zu fein, um mit niedriger gestellten Personen an dem festlich geschmückten Tisch im Rathaus zu verhandeln! Von oben herabblickend, meinten sie, bezogen auf Rang und Garderobe, es *seiend* einige, *die nicht hätten konnen gesantenmässig aufzeichen.*[92] Etikette wurde groß geschrieben!

Bravo, Herr Janssen!

Wir wissen zwar nicht, wo der Friede unterschrieben wurde, wir wissen aber, womit er unterschrieben wurde:
Rechtzeitig zur Unterzeichnung des Vertrages ließ sich unser verdienstvoller Chronist Janssen eine in ihrem Äußeren recht unscheinbare Erfindung einfallen, die er aber zu einem beachtlichen Preis an die Herren Gesandten verkaufte:
Eben umb den Congres Versamlung hab ich auch alhier ohn mich zu rühmen neuwe Federn erfunden.[93] Schreibfedern aus Stahl - Bürgermeistereidiener Janssen erfand in Aachen die Stahlfeder (die aber erst endgültig im 19. Jahrhundert Karriere machen sollte).
Janssen platzte vor Eigenlob: *Dergleiche Federn hatt Niemand nie gesehen noch von gehört, ... allein man muss sie rein und sauber von Rost und Dinten halten, so bleiben sie viel Jahr zum Schreiben gut.*

Endgültig vorbei waren nun die Zeiten des mühseligen Kratzens mit dem Stielende einer Vogelfeder - die Idee war Janssen sozusagen zugeflogen! Der Diener des Bürgermeisters hatte sie flink aufgegriffen und in die Tat umgesetzt.
Bravo, Herr Janssen! Dank Ihrer Initiative trat damals die Stahlfeder ihren Siegeszug von Aachen aus *in alle Ecken der Welt* an, *als eine rare Sach, als nach Spanien, Frankreich, Engeland, Holland, ganz Teutschland*![94]
Und heute kaut jedes Kind schon im Grundschulalter am unvermeidlichen Geburtstags-Füllfederhalter.
Mit ganz ungewohntem Schreibgefühl wurde also der Aachener Friedensvertrag am 18. Oktober 1748 unterzeichnet. Erleichtertes Aufatmen in ganz Europa, besonders aber in Aachen!

Aberglaube - "Gott bewahr uns darvur!"

Gegen Ende des Friedenskongresses zeigten sich langsam Ermüdungserscheinungen bei den Aachenern. Sie wurden empfindlich und gereizt. Angst vor "übernatürlichen Sachen" beherrschte in jenen Tagen die Bürger. Verwirrende, unerklärbare Erscheinungen wurden nicht als leeres Geschwätz abgetan, im Gegenteil, sie wurden bierernst genommen.
Aberglaube an sich war nichts Neues, schon im 16. Jahrhundert raunte man sich zu: *Im Rheinland gäbe es zwei Städte, die wegen ihres Aberglaubens berühmt seien, Trier und Aachen.*[95]
In den Köpfen der Aachener spukten in der Mitte des 18. Jahrhunderts unheilvolle Phantasiegeschöpfe herum, sogenannte Basilisken. Fabeltiere waren es - Drache und Hahn zugleich - mit durchdringendem tödlichen Blick. Diese "Basilisken" erschreckten und ängstigten die aufgebrachten Gemüter.
Massenhysterie griff um sich:
Anno dazumal beteuerten Augenzeugen, nicht nur ein Huhn könne Eier legen, auch ein Hahn könne! Diese erstaunliche Tatsache ließ unseren rührigen Chronisten Janssen mit seiner neuen Feder zitternd niederschreiben: *Mich furcht, mich furcht.*

Solch ein Hahnenei war gewiß nicht ganz so formvollendet wie ein Hennenei; natürlich nicht, es war *schmal und lang*, aber sonst *gelegt eben wie ein Huhn*. Ein braver Bürgersmann hatte *in (der) Cöllerstrass* zu seinem maßlosen Entsetzen im Hühnerstall *dieses gesehen*, blitzschnell reagiert und *den Hahn gleich todt geschlagen*. Das Corpus delicti veschwand stillschweigend von der Bildfläche. Und dann war doch tatsächlich *dasselbige geschehen ... in Marschierstrass*.

Furcht vor einer möglichen Hahnenei-Epidemie erfaßte die Stadt, denn diese Hahneneier waren nicht auf die leichte Schulter zu nehmen! Chronist Janssen interpretierte mit Respekt das zweite Hahnenei-Ereignis: *aber der Mann hatt den Hahn leben lassen*.[96] Wie konnte er nur! Wo doch jeder wußte: *Diese Thiere seind so schädlich und giftig, dass ein einziges könne ein ganz Land vergiften, dass Menschen und Vieh davon sterben müssen. Dieses Thier ist gestaltet wie ein Hahn, allein sein Störtz ist eine Slang oder Drachen gleich und ganz klein ..., dan ich habe eine mit meine Augen gesehen, aber todt und balsamirt vor eine Raritatt in Brüssel, aber eine lebendig ist so voller Gift, dass wans ein Mensch von fern thut ansehen, er davon gleich muss sterben, ja sogar wohe das Thier sich aufhalt, wachst weder Grass noch ander Kraut, die Baum und Sträuch verdorren durch seine giftige Gegenwart. Gott will uns behüten hier zu Land vor dergleiche Thier. Wan Hahnen in der Stadt Eier legen, so werden sie se auch da aussen bij de Bauren thun, alwo dies Thier könnte ausgebrühet werden im Feld oder Busch. Gott bewahr uns darvur*.[97]

Dem ist nichts hinzuzufügen!

Hinter den Kulissen

Erleichterung in Aachen, als der Friedensvertrag endlich im Oktober 1748 unter Dach und Fach war. Während der Verhandlungen hatten sich langsam unerträgliche Zustände eingeschlichen, verursacht durch eigenes Verschulden. Der Aachener Magistrat hatte angeordnet, *dass Butter, Eyer, ... einen billigen Preis sollte verkauft werden*.[98] Aber das Umgekehrte war die Folge: Anstatt billiger, wurde alles nur noch teurer. Die pfiffigen einheimischen Bauern ließen sich nicht bevormunden und antworteten mit Boykott. Auf Aachens Marktplätzen gab es auf einmal kaum mehr etwas zu kaufen, die hungrigen Bürger standen vor fast leeren Körben. Stattdessen wurde die Ware zu regulären Preisen in Eupen, Maastricht und Umgebung angeboten. Dort zahlten die Bürger bereitwillig die geforderten Preise. Und die hohen Herren maulten, *sie könnten allhier nichts Wildts noch Fischwerk bekommen, und wenn, dann alles theur.*[99]

Auch fühlte sich niemand mehr sicher in Aachens Gassen und Straßen, ja in den Häusern selbst. Überfälle, Raub und sogar Morde waren an der Tagesordnung. Ein reicher Kaufmann *von Bortscheidt, ... ist auch alldorten jämmerlich ermordet worden und alle seine Leybsbedeckung beraubt und also todt allda liegen lassen.* Ferner hat ein armer Kappesbauer *aufm aacher Busch ... wegen das geloste Geld mussen sein Leben einbüssen.*[100]

Chronist Janssen war zutiefst beunruhigt über diese schlimmen Zeiten. Er schimpfte und stöhnte über seine Wahlheimat Aachen: *Die Bürger seind bij jetziger Zeit nicht frey in ihre eigen Häuser. Es gehet bald keine Nacht vorbey, dass nicht einer und mehr bestohlen und beraubt werden. Ja sogar in klaren Tag unterstehen sich diese Dieb die Leut auf abgelegen Gassen anzugreifen und ihnen ihr Geld und andere silberne Snallen und Tabakxtossen zu berauben, und dis von Kerl, welche mans nicht sollte glauben dergleichen im Sinn zu haben.* Und Janssen schleudert seine ganze Wut hinaus: *Dan kein Ort in Deutschland zu finden wo die Jugend so verwegen und gottloser seind als wie hier zu Aach!*

Auch die Gesandten Europas blieben von der rauhen Wirklichkeit nicht verschont. Graf Sandwich und Graf Kaunitz erwischte es, sie wurden am hellichten Tag überfallen und ausgeplündert, niemand hat's gesehen!

So hatten die Aachener Bürger inständig das Ende der Verhandlungen herbeigesehnt, auf daß wieder ruhigere Zeiten einkehren sollten und man zum normalen Alltag zurückfinden konnte, ohne Angst und Schrecken.

Nach der Unterzeichnung des Friedensvertrages am 18. Oktober 1748 löste sich die Kongreßversammlung ohne großen Paukenschlag in nichts auf. *Alle Gesanten ... gehen einen umb den anderen jetzo und dass ganz still hinwech ohn Cermonie.*[101]
Zum Abschied aber, *zum Plaisir und Adieu,* durften die scheidenden Herren den warmen Brunnen im Kaiserbad bestaunen. Dort holte man *unter einem großen runden Stein, der eine Quelle bedeckte,* Schwefelstücke hervor, *hart und über einen Daumen breit dick,* ein *steinartige(r) Stoff, ... hübsch marmoriert.*[102]
Von diesem besagten Swebel durfte jeder der Gesandten eine duftende, kleine Portion als Souvenir mit nach Hause nehmen, *worüber diese Herrn sehr vergnüget waren.* Zur Erheiterung mag sicher der penetrante Geruch nach faulen Eiern beigetragen haben. Eine königliche Geste seitens der Aachener, hatten sie doch schon zu Krönungszeiten den Königen zum Abschied ein Stück Schwefel überreicht.
Zur Erinnerung an diese aufregende Zeit pflanzte die Stadt eine Allee, angelegt zwischen Ponttor und der Kirche St. Adalbert. Fortan spendeten Ulmen dem Spaziergänger Schatten.
Licht dagegen spendete in Zukunft im Rathaus ein kristallener Kronleuchter. Mit diesem Prachtstück war Graf Kaunitz zu Beginn des Friedenskongresses aus Wien angereist. Der "Maria-Theresia-Leuchter" erhellte und verschönerte monatelang das Aachener Domizil des Grafen. Dieser illustre Kerzenleuchter durfte jetzt im *unbenutzt gebliebenen Conferenz-Zimmer* an die Decke gehängt werden, der Magistrat hatte ihn für 36 Dukaten vom Grafen gekauft.
Für die Nachwelt und wohl auch als Entschädigung für den riesigen Aufwand erbaten sich die Aachener zum Abschied die Porträts der Beteiligten, zur Ausschmückung ihres Rathauses. 10 der 15 Herren Gesandten versprachen, ihr Konterfei zu schicken. Einige davon sollten und wollten ihr Versprechen bald vergessen, andere aber hielten tapfer still und ließen sich für ihre ehemaligen Gastgeber porträtieren.

Schauen Sie doch mal rein ins Aachener Rathaus, zum Beispiel Ende Januar zum alljährlichen Karlsfest! Alle Räume und die darin aufgehängten Porträts sind dann zur Besichtigung freigegeben.

Die Reichsinsignien - in Aachen, Paris oder Wien?

Der eingeweihte Tourist wendet sich, sobald er den Krönungssaal im Aachener Rathaus betreten hat, zielstrebig nach rechts. Dort, in einer Glasvitrine bestens gesichert, funkeln und glitzern die berühmten Reichsinsignien. Es werden nach ihrem traditionellen Aufbewahrungsort zwei Gruppen unterschieden: die drei Aachener Reichskleinodien und die Nürnberger Reichskleinodien. Die Aachener Gruppe besteht aus dem Reichsevangeliar, der Stephansburse und dem sogenannten Säbel Karls des Großen. Zu den Nürnberger Reichskleinodien zählen u. a. Krone, Heilige Lanze, Zepter, Reichsapfel, Zeremonienschwert, Reichskreuz und Weihwasserwedel. Nur der Kandidat, der in Besitz der Krone und der Heiligen Lanze war, hatte den Anspruch auf Krönung.

Leider kann man im Aachener Rathaus nur Kopien aus den Jahren 1911-1924 bewundern.

Die Originale selbst, heute in der Weltlichen Schatzkammer in Wien, haben über Jahrhunderte hindurch für reichlich Aufregung gesorgt. Karl Franz Meyer beschrieb im 18. Jahrhundert das Hin und Her:

...wie wunderlich es ehedessen im Roemischen Reiche durcheinander gieng; man setzte Könige an, man setzte Koenige ab, man wehlte zween Koenige zugleich, ja, man wehlte unschuldig Kinder zu Koenigen. Ebenso willkuerlich verhielt es sich auch damals mit den Reichs-Kleinodien, sobald selbige nur aus der Aachenschen Verwahrniß entkommen waren; man trieb sie einander mit Gewalt ab, man verbarg sie bald hier bald dort, ja man riß sie rechtmaeßigen Koenigen vom Leibe, um hierdurch das Reich einem andern in die Hände zu spielen.[103]

Es klappert die Mühle am rauschenden Bach...

Die Geschichte der Aachener Kleinodien hat Fritz Ramjoué in seinem Buch "Die Eigentumsverhältnisse an den drei Aachener Reichskleinodien" anschaulich zusammengestellt, wir haben darin nach interessanten Histörchen gestöbert.

Seit dem Jahre 1425 trugen der Magistrat und das Stift gleichermaßen Verantwortung für alle Heiligtümer. Das heißt auch für die drei Aachener Reichskleinodien, die zum Domschatz gehörten. Man nannte diese beiderseitige Verantwortung das "Konkustodierecht". Es besagte, daß Vertreter der Stadt und der Kirche bei der Öffnung und Schließung der Reliquienbehälter präsent sein mußten. Nach dem Einschließen der vier Aachener Heiligtümer in den Marienschrein erhielten das Stift und die Stadt je eine Schlüsselhälfte, was immer wieder zu Streitigkeiten führte. Auch bei der Wahl des Schmiedes, der für die Gold- und Silberarbeiten im Dom verantwortlich war, war man sich selten einig. So erschienen im Jahre 1664 gleichzeitig drei bestellte Goldschmiede vor dem Marienschrein, um ihn kunstgerecht zu schließen. Das Stift ließ sich nur widerwillig in die Belange des Domschatzes hineinreden. Das Verhältnis zwischen Magistrat und Stift war und blieb gespannt.

Überliefert ist, daß im Jahre 1678 zum ersten Mal die Ratsherren massiv auf ihre Rechte pochten; wollten doch die Stiftsherren die eine Schlüsselhälfte zum Marienschrein, die den Ratsherren gehörte, nicht herausrücken. Um den Geistlichen eine Lektion zu verpassen, drehten die Ratsherren kurzentschlossen das Wasser ab. Der Magistrat ließ für kurze Zeit den Paubach, der am Münster vorbeifloß und die Mühlen des Stiftes antrieb, umleiten![104] Kein Mehl, kein Brot - die Geistlichen lenkten ein, ob sie nun wollten oder nicht.

30 Jahre später rächten sich die Geistlichen auf ihre Weise. Im Jahre 1712, nach der Krönung Karls VI. in Frankfurt, wurden die Aachener Reichskleinodien in ihre Heimatstadt zurückgebracht. In scheinbar bestem Einvernehmen passierte der Zug der Aachener Delegierten das Kölntor (heutiger Hansemannplatz), da winkten die Kanoniker den Ratsherren fröhlich zu und bogen in eine Seitenstraße ab. Die leicht verdutzten Ratsherren dachten sich nichts Böses und ritten gemütlich allein weiter. Die Geistlichen hingegen gaben ihren Pferden die Sporen und erreichten auf kürzestem Weg das Münster. Sie huschten in die

Sakristei. Dort legten sie in Windeseile die Reichskleinodien an ihren Platz. Da standen die geistlichen Herren, als ob sie kein Wässerchen trüben könnten. Als die Ratsherren schließlich erwartungsvoll auftauchten, war es zu spät, um *an diesem Schlußakt der Klein-Odien Überbringung ... teilzunehmen.* Die Ratsherren trollten sich schimpfend, vergaßen aber nichts...
Im Jahre 1745 wurden die geistlichen Herren den Aachener Ratsherren schließlich allzu übermütig. Im Frankfurter Dom brach bei der Krönung ein Streit aus. Die Stiftsgeistlichen hatten sich auf allen Sitzen breitgemacht, so daß kein Platz mehr für die Ratsherren übrig war. Diese waren entrüstet, und das Gerangel ging los. Doch die Würde ihrer hohen Ämter untersagte ihnen weitere Entgleisungen, sie arrangierten sich. Nach der Krönung, wieder zurück in Aachen, schäumten die Ratsherren vor Wut und beschwerten sich daraufhin beim Kaiser, ohne großen Erfolg. Doch die Kindereien gingen weiter.
Drei Jahre später, zum Aachener Friedenskongreß, zankte man sich wieder einmal um die Schlüsselhälfte zum Marienschrein. Der Bürgermeistereidiener Janssen verschaffte sich in seinen Aufzeichnungen Luft:
... so komt die Vice-Pram [Pram = Schmeißfliege] *wil sagen Vice-Probst Tevis und stosst dis Stück* [die Schlüsselhälfte des Marienschreins, die der Stadt gehörte] *vom Altar kinwech hinter dem Gitter auf der Erden. Seind dis Geistlichen? Es wär besser sie nehmen ein Smick zur Hand und wären Sweinhirt, als Seelen-Hirt... Kein einziger verständiger Mann ist jetzo unter dem Capittel, nur lauter Feder-Hänsgens, Fuchs-Swantzer, Milchmäuler, Jungen, und ein Haufen hoffärtige Narren.*[105]

Neun Jahre später schlugen die Ratsherren zurück. Auf schon erprobte Weise.
Wieder mußte der Paubach herhalten und zum zweiten Mal sein Bachbett ändern. Die Stiftsherren trauten ihren Augen nicht, das Mühlrad der Brudermühle am Münster stand still. Die Erregung war gewaltig, nun formulierten sie aufgebracht einen Brief an den

Kaiser. Sie wollten ihr Wasser wiederhaben und bekamen auch prompt Recht. Am 14. November 1757 wurde ein kaiserliches Mandat aufgesetzt, das die Stadt ohne Umschweife aufforderte, den Paubach ab sofort in Ruhe fließen zu lassen.

Auge um Auge, Zahn um Zahn. Die Stadt ging vor den Kadi und klagte nun ihrerseits das Stift vor dem Reichshofrat in Wien an. Man wolle nur sein Recht, erklärte man, schließlich wehre sich die Stadt nur auf ihre Weise gegen das ungebührliche Verhalten des Stiftes! Und diesmal bekam die Stadt tatsächlich Recht: Die Mühlen der Justiz drehten sich zwar langsam, aber zwei Jahre später, am 9. Oktober 1759, wurde das Stift aufgefordert, *dem Magistrat ... bey denen Reichs Insignien und Kleinodien und deren Begleitung habenden Gerechtsamen nichts praejudicirliches mehr in Weeg*[106] *zu legen.*

Freilich wehrte sich das Stiftskapitel und behauptete, man wisse von nichts. Doch diesmal war den Kanonikern kein Erfolg beschieden, es blieb dabei. Am 17. Februar 1761 mußte das Stift zähneknirschend versprechen, *ins künftige den Magistrat abgeurtheilter Maßen keinesweeges (zu) turbiren.*[107] Keine weitere Störung bitte! Das saß.

Doch die Stadt Aachen stritt sich nicht nur mit den Stiftsherren. Sie legte sich auch mit der Stadt Nürnberg an. Unvermutet setzten die Aachener Ratsherren im Jahre 1653 zu einem Höhenflug an, der im 18. Jahrhundert zu einer Bruchlandung führte.

Aachen beanspruchte seit dem 17. Jahrhundert plötzlich auch die Nürnberger Reichskleinodien für sich. Bei diesem Streit fragten sich nicht nur die Aachener Kanoniker kopfschüttelnd, ob dem Magistrat die Höhenluft bekam. Aber der Reihe nach.

Was drin war, war drin; und damit offiziell

Etwa 600 Jahre lang (936-1531) bestiegen 31 deutsche Könige den sogenannten Karlsthron in Aachen. Im Jahre 1531 war damit endgültig Schluß. Nach der letzten Krönung (Ferdinand I.) stellten die drei Aachener Reichskleinodien die einzig bleibende

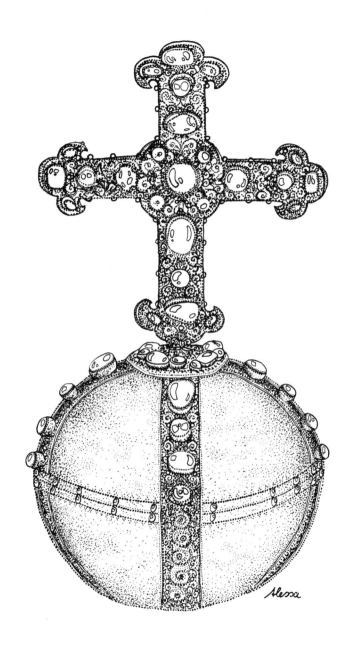

Verbindung zu den neuen Krönungsstätten Frankfurt, Regensburg und Augsburg dar. Nur durch diese drei Kleinodien konnte Aachen den verbrieften Anspruch als traditioneller Krönungsort immer wieder ins Gedächtnis rufen. Aachen erinnerte bei dieser Gelegenheit geflissentlich auch an sein Recht, die sogenannte Jura einzustreichen. Besagte Jura hieß für die Stiftsherren, daß alle während der Krönung verwendeten Tücher, Kissen und Tapisserien, der Rock des Königs bei der Krönung sowie drei Fässer *besten Weines* nach der Krönung dem Münster feierlich übergeben wurden. Eines davon rollte regelmäßig in Richtung des damaligen Stiftes St. Adalbert.

Gleichermaßen profitierte die Stadt Aachen; sie tat einen tiefen Griff in den Sack mit den Krönungsmünzen, nahm das stattliche Pferd in Empfang, auf dem der König umjubelt in die Stadt eingeritten war und kassierte das Vorlegetuch (den roten Teppich), das dem König zur Ehre vor dem Rathaus ausgebreitet wurde. Seit dem Jahre 1562 wurde diese wertvolle Ausstattung der Einfachheit halber in barer Münze ausbezahlt.

100 Jahre später ließ man sich damit nicht mehr abspeisen. Der Historiker Herkens vermutete, daß die Aachener von früheren glorreichen Krönungszeiten träumten und diesen Traum mit Hilfe der Nürnberger Stücke verwirklichen wollten. Also her damit! Wie die Aachener schon bei der Erlangung der Stadtrechte etwas "geschummelt" hatten, "schummelten" sie auch hier. Sie behaupteten auf einmal, daß alle Reichsinsignien - Nürnberger und Aachener - zusammen von Anfang an in Aachen aufbewahrt worden seien. Sie verwiesen auf eine angebliche Stiftung durch Karl den Großen, die später im Jahre 1000 von Otto III. im Karlsgrab gefunden und gehoben worden sei. Oder die Aachener gaben bekannt - die Argumente wechselten je nach Bedarf -, der Schatz sei eine Stiftung Richard von Cornwalls. In Kriegswirren seien die Reichskleinodien getrennt evakuiert worden. Die eine Gruppe sei nach Aachen zurückgekehrt, und die andere sei damals auf Umwegen in Nürnberg gelandet - die heutige Nürnberger

Gruppe. Das sei nicht rechtens, ließen die Aachener verlauten und verlangten die Nürnberger Stücke mit Nachdruck zurück.
Anfangs belächelten die Nürnberger die Aachener Forderungen. Sie waren daran gewöhnt; schon Kaiser und Könige hatten versucht, ihnen die Kleinodien abzuluchsen - bisher vergeblich.
Doch die Aachener ließen nicht locker und gaben dem Ganzen einen offiziellen Charakter.
Im Jahre 1690 ließen die Aachener zur Krönung Josefs I. in Augsburg den Nürnberger Abgesandten ein öffentliches Protestschreiben zustellen, d. h. sie versuchten es. Man beauftragte einen erfahrenen Notar mit der Überbringung, der jedoch bei der Erfüllung seiner Aufgabe auf ein großes Problem stieß: Er wurde sein Schriftstück nicht los!
So oft der Notar auch im Auftrag Aachens die Nürnberger Quartiere aufsuchte, jedesmal traf er auf verschlossene Türen. Man empfing ihn nicht, ließ sich verleugnen oder war einfach nicht da. Der Rechtsgelehrte war gewitzt: Statt die hohen Herren persönlich zu belästigen, ging er eine Etage tiefer. Er versuchte jetzt, Bedienstete der Nürnberger abzufangen, einen Kutscher oder einen Diener, und ihnen das Schriftstück in die Hände zu drücken. Aber vergeblich, denn man hatte rechtzeitig vorgesorgt: In einem "Handbuch zur Krönung", das extra für einen Nürnberger Krongesandten zusammengestellt wurde (heute noch in der Stadtbibliothek Nürnberg erhalten), ist nachzulesen: Die Herren Abgesandten sollten gleich am nächsten Tag nach der Krönung *den sämtlichen Einspännigern, Bedienten, Knechten etc. nachdrücklichst ... befehlen, daß sich keiner sollte verleiden lassen etwas geschriebenes an zu nehmen, welches einigen Bezug auf diese Angelegenheit haben könnte.*[108]
Doch die Gesandten rechneten nicht mit dem Schachzug des Notars, der keine Lust mehr hatte, den Nürnbergern ewig hinterherzujagen. Er baute sich vor ihrem Quartier auf, rollte das Dokument auseinander und verlas mit kräftiger Stimme das Schreiben. Und damit die Angelegenheit nun endlich ein Ende

fand und amtlich wurde, warf er das Schriftstück im hohen Bogen durchs Fenster![109] Was drin war, war drin; und damit offiziell.

Die Veröffentlichung des Aachener Anspruches erregte großes Aufsehen. Ob rechtlich oder nicht, in der Mitte des 18. Jahrhunderts (1742) konnte sich der interessierte Bürger sogar im Zedler Universallexikon darüber informieren. Selbst der spätere Kaiser Joseph II. mußte als Prinz in seinem Staatsrechtsunterricht pauken, daß Aachen *als die eigentliche Krönungsstadt auf alle Kleinodien Anspruch* erhob.[110]

Eine Publikation der Ansprüche und ihre Gegendarstellung jagte die andere. Im Jahre 1713 verfaßte H. Herold aus Erlangen sogar eine Dissertation über die Nürnberger Rechte, und im Jahre 1801 kommentierte Chr. Gottlieb von Murr trocken in seiner Beschreibung der Aachener Stücke: *Die Herren Aachener sind darin gut abgefertigt.* Im Jahre 1781 konnte sich selbst unser Geschichtsschreiber Karl Franz Meyer einige Anmerkungen dazu nicht verkneifen, er plädierte als überzeugter Lokalpatriot erwartungsgemäß für Aachen.

Die Stadt Nürnberg verteidigte zu Recht ihre Schätze und setzte sich gegen Aachen durch. Doch wenn zwei sich streiten, freut sich der dritte.

Die Nürnberger und die Aachener konnten nicht verhindern, daß am Ende die Österreicher sich alle Reichskleinodien unter den Nagel rissen: Am 29. Oktober 1800 wurden die Nürnberger Stücke fein säuberlich gegen Quittung nach Wien "geliefert", nachdem sie vier Jahre zuvor, wie die Aachener Stücke, vor den Franzosen in Sicherheit gebracht worden waren. Am 3. Juni 1801 tauchten auch die Aachener Stücke in Wien auf, ebenfalls gegen Quittung.

Dort liegen sie heute vereint in der Weltlichen Schatzkammer, dekorativ auf rot-braunen Samt gebettet.

Wie aber die Österreicher in den Besitz der Aachener Reichsinsignien gelangten, erzählt das nächste Kapitel.

Der allzu redselige Kanonikus Blees

Die Franzosen kamen im Sommer 1794 den Aachenern gefährlich nahe. Da rafften die Geistlichen in aller Eile den Domschatz zusammen, samt Aachener Reichsinsignien, verfrachteten ihn in 21 Holzkisten und flüchteten klammheimlich nach Paderborn ins Kloster.

Man war übrigens schon gewohnt, bei dem Transport der Reichsinsignien besondere Vorsicht walten zu lassen. Fünfzig Jahre zuvor, zur Kaiserkrönung Franz' I., wurden sie sogar einmal in einem unauffälligen Korb nach Frankfurt geschmuggelt, um ja kein Aufsehen zu erregen. Kanonikus Corneli und ein Herr Adam Ubach hatten damals schwer zu schleppen; die Angst saß ihnen im Nacken, im Jülicher Gebiet abgefangen und beraubt zu werden. So war der Transport im Sommer 1794 in geräumigen Tannenholzkisten dagegen reiner Luxus!

Im Paderborner Kapuzinerkloster erwartete man die hohen Gäste; für ihre Sicherheit bürgten dicke Klostermauern. Die Mönche hatten alles getan, damit sich die sechs Aachener Stiftsgeistlichen, die den Zug begleiteten, wohlfühlen konnten.

Unterdessen brachten die neuen französischen Besatzer im fernen Aachen alles durcheinander. Das Aachener Münster wurde regelrecht demontiert - man brach die Säulen aus dem Oktogon heraus und verfrachtete sie auf Karren zusammen mit dem Pinienzapfen und dem Proserpinasarkophag Richtung Paris. Das waren beunruhigende Zustände, und die Geistlichen beeilten sich daher, so schnell wie möglich in ihre Heimat zurückzukehren. Es galt zu retten, was zu retten war. Kanonikus Anton Joseph Blees blieb als einziger zur Bewachung des Schatzes zurück. Nach Abzug der Franzosen sollte er sich unverzüglich mit dem Schatz in Aachen einfinden. So war es geplant.

Blees ahnte zu diesem Zeitpunkt noch nicht, daß er die nächsten zehn Jahre in diesem Kloster ausharren sollte. Langsam gingen seine Finanzen zur Neige. Der Aachener Stiftskanoniker suchte verzweifelt einen Weg, sein Budget zu sichern. Von Aachen war

nichts zu erwarten, dort "hausten" die Franzosen. So kam ihm der rettende Gedanke, sich vom Kaiser für seine Wachdienste besolden zu lassen. Blees bat um eine Audienz beim Grafen Westphalen zu Fürstenberg (österreichischer Gesandter beim niederrheinisch-westphälischen Kreis). Der Aachener Geistliche forderte eine offizielle Anerkennung als Bewacher des Domschatzes - Aachener Reichskleinodien inbegriffen - mit regelmäßiger Besoldung. Doch er hatte sich gewaltig verrechnet, der Schuß ging nach hinten los:

Das Gespräch zwischen Blees und Graf Westphalen stellte sich als eine folgenschwere Indiskretion heraus. Bisher war der neue Aufenthaltsort der Reichskleinodien Geheimsache gewesen. Plötzlich waren die Herren Österreicher hellwach, denn der Graf hatte nichts Eiligeres zu tun, als umgehend durch Eilboten die aufregende Information an seinen Reichsvizekanzler nach Wien weiterzugeben.

Die Antwort ließ nicht auf sich warten; zwei Wochen später erhielt der Graf den Auftrag, sich unter allen Umständen der Reichskleinodien zu bemächtigen. Alle Hebel wurden in Bewegung gesetzt. Sogar der Paderborner Fürstbischof Franz Egon wurde von Wien aus unter Druck gesetzt und in die Angelegenheit mit hineingezogen. Die Österreicher ließen nicht locker und argumentierten:

Punkt 1: Die Kirche könne die Sicherheit der Kleinodien nicht länger gewährleisten (Darüber ließ sich streiten).

Punkt 2: Der Schatz sei ohnehin Reichsbesitz. (Das stimmte nicht - die Aachener Reichsinsignien gehörten von Anfang an zum Aachener Domschatz).

Kanonikus Blees weigerte sich standhaft, bekam es aber langsam mit der Angst zu tun. Hilfeheischend schrieb er nach Aachen, man möge ihm doch entsprechende Order geben. Natürlich dachten die Verantwortlichen in Aachen nicht daran, die Schätze herauszurücken. Sie rechneten nicht damit, daß die Österreicher ihre Forderungen jemals durchsetzen könnten, und unternahmen nichts. Blees fühlte sich auf verlorenem Posten.

Erneut verlangten die Österreicher die Herausgabe, und Blees schrieb flehende Briefe nach Aachen. Seine Ratlosigkeit teilte er seinem Bruder Xaver, auch Stiftskanoniker, in drei verzweifelten Briefen mit. Keine Reaktion. Blees bekam langsam kalte Füße und wußte nicht mehr ein noch aus. Schließlich verließ er Mitte Oktober 1798 das Kloster, um den aus Aachen zu erwartenden Briefen entgegenzufahren. Das hätte er lieber unterlassen sollen; darauf hatte man in Wien nur gewartet!

Am Nachmittag des 15. 10. 1798 trafen sich im Kapuzinerkloster acht gewichtige Herren, unter ihnen ein Bevollmächtigter des Grafen Westphalen. Leise schlich das Grüppchen durch die Klostergewölbe und suchte die Kiste mit den Aachener Kleinodien. Ein kleiner Laienbruder, der einst bei der Ankunft des Schatzes "Mäuschen" gespielt hatte, fühlte sich berufen, die richtige Kiste den Fremden preiszugeben. Die Österreicher setzten das Brecheisen an und wühlten in der Kiste. Schnell waren die drei Aachener Stücke gehoben. Der Bevollmächtigte bescheinigte noch an Ort und Stelle, die Stücke *richtig, ad depositum erhalten* zu haben. Die anderen Kisten ließen die Österreicher unberührt. Triumphierend zogen sie von dannen.

So fielen die drei Aachener Reichsinsignien in ihre Hände und sollten für die nächsten drei Jahre ganz von der Bildfläche verschwinden. Der Kaiser ordnete an, daß Graf Westphalen den Schatz bis zu seiner Pensionierung in Gewahrsam behalten solle. Danach ließ der Kaiser die wertvollen Stücke nach Wien bringen. Nach weiteren überstandenen Kriegswirren in unserem Jahrhundert kann man sie heute wieder dort bewundern.

Natürlich erklärte man sich damals in Aachen mit dieser Situation - gelinde ausgedrückt - überhaupt nicht einverstanden; und auch die Franzosen schäumten vor Wut! Waren ihnen doch die Österreicher zuvorgekommen!

Im "Journal de Paris" stand am 21. Mai 1804 zu lesen: *Man hat Schritte unternommen, um die Rückführung der Reichskleinodien zu erreichen. Wir hoffen, daß sie erfolgreich sind. Es gibt in*

Europa nur eine Hand, die fähig ist, den Säbel Karls des Großen zu tragen, die Hand Bonapartes des Großen.[111] Im Jahre 1804 stand Aachen tatsächlich als Krönungsstätte für Napoleon zur Debatte. Er fühlte sich stark und mächtig wie einst Karl der Große und wollte dies durch eine Krönung in Aachen dokumentieren. Daraus wurde nichts, denn die dazu dringend erwünschten Reichsinsignien befanden sich in Wien. So ließ sich Napoleon ein halbes Jahr später, am 2. Dezember 1804, in Paris in der Kirche Notre Dame krönen - ohne Aachener Juwelen.

Ist der Ruf erst ruiniert, ...

Der geneigte Leser wird sich an dieser Stelle fragen, wo unser guter Herr Blees im Trubel der Ereignisse abgeblieben war.

Blees kehrte von seiner Reise ins Rheinland Ende Oktober 1798 wieder ins Kloster Paderborn zurück. Zu seinem Entsetzen mußte er bei der Ankunft feststellen, daß die Aachener Reichskleinodien auf mysteriöse Weise abhanden gekommen waren. Aber erleichtert nahm er zur Kenntnis: Der Rest war da.

Die empörte Rüge des Aachener Stiftskapitels wegen der drei verlorenen Stücke steckte Blees lässig weg und verhielt sich erst einmal ruhig. Eine Ablösung war nicht in Sicht, also bewachte er weiterhin allein den Schatz.

Ist der Ruf erst ruiniert, lebt sich's gänzlich ungeniert. Blees war im Jahre 1801 endgültig pleite. Er drückte beide Augen zu und tat einen anfänglich verschämten Griff in die Kisten des Domschatzes. Doch schnell beruhigte er sein schlechtes Gewissen und setzte eiskalt sieben Pfund und 22 Lot Silberwerk bei einem Paderborner Goldschmied in bare Münze um. Allzuschwer schien ihm das nicht gefallen zu sein, denn er entpuppte sich nach überstandener Franzosenzeit als ein abgebrühter Geschäftsmann.

Er ließ sich öffentlich als *unglückliches Opfer seiner deutschen Vaterlandsliebe wegen versuchter Rettung der Reichskleinodien*[112] feiern. Jahrelang führte er zähe Verhandlungen um seine "verlorene Zeit" im Paderborner Kloster und verlangte u. a.:

200. 000 / : sage zwey mal 100 1000 Gulden : / Entschädigung[113]. Er schaffte es sogar, im Jahre 1815 bis zum damaligen Kaiser Franz II. vorzudringen. Doch Fürst Metternich verpaßte ihm eine deftige Absage, seine *übertriebenen Ansprüche ... seien ebenso lächerlich, als ... (auch) unverschämt.*[114] Damit mußte Blees sich abfinden.

Abgefunden haben sich jedoch die Aachener bis heute nicht mit dem Verlust der drei Reichskleinodien. Sie hoffen auf bessere Zeiten und stellen unverdrossen bis zum heutigen Tage Anträge auf Rückgabe, damit ja kein Gras darüberwächst.

Franzosenzeit

Abfallprobleme - Neue Besen kehren gut

Mögen auch die Aachener dank ihres sprudelnden Quellwassers ein sauberes Völkchen gewesen sein, mit der Straßenhygiene und der Abfallentsorgung hatten sie es nicht. Napoleon, der doch einiges aus Paris gewöhnt war, hat nur gestaunt, als er im Jahre 1794 Aachen besetzen ließ. Die Straßenpflege stank zum Himmel! Es muß damals wirklich mühsam gewesen sein, in Aachen durch den Straßendreck zu waten: *wahre Berge von Schmutz, Kehrichthaufen, krepierten Pferden und sonstigen Kadavern führten hier ein beschauliches Dasein.* [115] Aber die Aachener Bürger störte es nicht, sie waren es über Jahrhunderte hinweg so gewöhnt.

Das ganze Mittelalter hindurch versanken die Aachener, sobald sie sich aus ihren Häusern wagten, bis zu den Waden in Kuh-, Pferde- oder Schweinemist. So konnte es passieren, daß selbst Ratsherren schon mal auf ihrem Weg zum Rathaus im Sumpf und Schlick versanken.[116] Da waren sie eine gute Weile mit sich selbst beschäftigt - heute sitzt man im Stau fest.

Im Jahre 1715 starteten die Stadtväter einen ersten schüchternen Versuch, die Straßen begehbarer zu machen: Laut Gesetz hatten alle Schweine binnen acht Tagen aus der Stadt zu verschwinden. Aber diese städtischen Schweine bildeten nur die Spitze des Müllberges, das eigentliche Schwein war der Mensch!

Gut dreißig Jahre später hatte sich immer noch nicht viel getan. Wie wir schon gehört haben, schimpfte der Chronist Janssen zum Aachener Friedenskongreß über den Katschhof, daß er *ein rechter Dreck- und Gestank-Platz* sei. Und dies trotz einer Verordnung der Stadtverwaltung, die da lautete: Die Bürger hatten *zweymahl in der Wochen, nemblich Mittwochs und Sambstags gleich nach dem Mittag die Strass vor ihren Häuseren zu kehren, damit der Dreck annoch selbigen Tägen auff Karrigen geladen und weggeführet werden könne; dan solle in jeder seine auff der*

Strassen ligen habende Höltzer und Bau-Dreck ohne Anstand hinwegführen, und hinführo keine Karrigen, Chaisen und Gefähre auff denen Strassen oder Gassen stehen lassen, ... alles bey Vermeydung einer Straff von 3 Goldgülden.[117]
Vielleicht wurden diese Empfehlungen tatsächlich während der Kongreßzeit, so gut es ging, eingehalten; knapp 50 Jahre später aber war der alte Schlendrian wieder da. Und im Jahre 1794 stellten die Franzosen bei ihrem Einzug in Aachen naserümpfend fest, daß *bisher der Kot vor eines Bürgers Tür weggeschafft, um dann in der Straßenmitte zusammengekehrt zu werden.*
Erste Versuche, die Aachener zur Raison zu rufen und per Gesetz Hygiene walten zu lassen, schlugen fehl. Polizeiliche Verordnungen mußten jedesmal *aufs nachdrücklichste wiederholt* werden. *Mit Mißvergnügen* stellte man immer wieder fest, daß die Aachener Bürger sich einen Dreck drum kümmerten, ob Dienstboten vor der Haustür den Besen schwangen oder nicht. Am 4. Dezember 1794 hatten die Franzosen endgültig die Nase voll.
Ab jetzt war es amtlich - die erste wirksame Abfallverordnung trat in Kraft: Mittwochs und Samstags marschierten zwei französische Polizeisergeanten in schmucker rot-blauer Uniform durch die Gassen. Sie kontrollierten mit strenger Miene, ob fein säuberlich *der Kot nicht mehr in der Mitte der Straße, sondern an jeder Haustür in einem Korb* gesammelt war. Für den Abtransport der Körbe war gesorgt. Das Bauamt hatte Fuhrleute verpflichtet, die stinkenden Körbe auf einem Karren abzutransportieren. Bei Mißachtung drohten saftige Strafen: *Diejenigen, welche Kot, Kohlenasche und andere Unsauberkeiten, es sei bei Tag oder Nacht, in die Gassen werfen, und dabei ertappt oder überwiesen werden, sollen nicht nur jedesmal 6 Livres zahlen, sondern auch Kosten für den Abtransport tragen.* Ein Polizeisergeant wurde sogar zusätzlich abgestellt, und damit er mit vollem Herzen bei der Arbeit war, winkte ihm ein Drittel des Strafgeldes.
Er muß sehr gründlich vorgegangen sein, denn plötzlich waren die Aachener so eifrig bei der Sache, daß die städtische Müllabfuhr

kaum mehr hinterher kam. Die Franzosen nahmen das plötzliche Aachener Engagement freudig zur Kenntnis, und folgende Verordnung am 30. August 1795 zeugt vom Organisationstalent der Besatzer:
Sie wandten sich an die Bauern; ob sie wollten oder nicht, sie mußten mithelfen, die Stadt von ihrem Unrat zu befreien: *Alle mit geladenen Kohlkarren zur Stadt hereinkommenden Bauern werden hiermit aufgefordert, daß sie, ehe sie mit ihren leeren Karren die Stadt verlassen, den auf den Gassen und Straßen liegenden Kot und Unrat aufladen.*[118]
Man brachte den Gassendreck vor die Tore der Stadt zu dort eigens eingerichteten Müllhalden. Sortiert wurde damals schon. Gassendreck vor die Stadttore, Baudreck auf die Promenaden. Danach wurden die Karren gesäubert. Nur vollbeladene Fuhrwerke durften von nun an die Stadttore passieren. Bei leeren Karren nach draußen hieß es: Zurück, marsch, marsch! Auf diese Weise bekamen die Franzosen langsam das Stadtbild in den Griff und die Aachener bessere Luft.

Deutsche Handarbeit zu Josephines Füßen

Die Öcher waren auf die französischen Herren nicht gut zu sprechen, aber die kleinen Öcher standen den großen in nichts nach, wenn es darum ging, ihr Mißfallen an den Besatzern auszudrücken. Zur Begrüßung des französischen Herrscherpaares verteilten sie gekonnt Seitenhiebe. Sie hatten es dabei anfangs auf die Kaiserin Josephine abgesehen, die erste Ehefrau Napoleons. Den Aachener Kindern war befohlen worden, brav hinter der Schulbank das "Vive l'imperatrice" herunterzuleiern. Aber wenn's drauf ankam, verfielen die Kleinen unschuldig ins Öcher Platt: "Fiese Lampetress" krähten sie und rächten sich auf diese Weise für die widerwillig eingepaukten Hochrufe. Die Herzensdame Napoleons so respektlos zu betiteln, war schon ein starkes Stück! Aber die Franzosen bewahrten Contenance, zumal eine genaue Überprüfung der umgewandelten Worte nie stattfand.

Josephine war, wie es sich für eine Majestät gehörte, ganz "grande Dame" mit dementsprechender Toilette.

Allein für Lippenstifte bezahlte die Kaiserin jährlich umgerechnet 25.000 DM. Im Jahre 1809 nannte sie 399 Unterröcke, 872 Röcke ihr eigen (pikanterweise viele davon mit Spitzen aus dem Feindesland England besetzt). Unter knapp 1000 Handschuhen hatte sie täglich die Qual der Wahl.

Diese Verschwendungssucht konnte den Aachener Geschäftsleuten und Tuchmachern nur recht sein, da sie ihre auserlesenen Tuche bestens an die Dame bringen konnten. Die Aachener wußten es ihr zu danken und widmeten ihr im Karlsbad ein eigenes luxuriöses Marmorbassin, in dem ihre weibliche Majestät ungestört vor sich hin planschen konnte.

Bei solch einer Haushaltsführung war die Kasse stets leer und mußte regelmäßig vom gnädigen Gemahl aufgestockt werden; der ließ sich auch immer wieder erweichen. Denn Napoleon verehrte sein Josephinchen über alles.

Josephine liebte es, extravagant aufzutreten. Sie lief häufig barfuß, die Zehen geschmückt mit kostbaren Ringen. Das hielt sie aber nicht davon ab, in demselben Jahr 524 Paar Schuhe für sich auszusuchen und den Kauf mit einem kaiserlichen Lächeln zu besiegeln.

Die Pflege ihrer zarten Füßchen vertraute sie ausgerechnet einem deutschen Soldaten an, einem Herrn Tobias Küng. Dieser konnte sein bisheriges Betätigungsfeld nicht verleugnen, und so feilte und cremte er die vornehmen Zehen in voller *militärischer Rüstung, das Schwert an seiner Linken.* Eines Tages faßte sich die Kaiserin ein Herz und fragte nach dem Grund: "Monsieur, welcher Kampf findet zu meinen Füßen statt?" Die Antwort war entwaffnend: *"Majestät, ... das ist bei uns in Deutschland so üblich."*[119]

Der unbequeme Torbogen

In den 20 Jahren französischer Fremdherrschaft (1794-1814) blühte Aachen auf. Sie wurde Hauptstadt des Roer-Departements. Nadel- und Tuchindustrie wurden stark gefördert, z. B. kleidete

Napoleon seine Soldaten mit Aachener Tuchen. Auch verdanken wir Napoleon die Einführung der modernen Hausnumerierung, selbst die Kirchen wurden mit einbezogen. Unser Dom in Aachen hat heute die inoffizielle Adresse "Domhof 1".

Bis zur Franzosenzeit orientierte sich der Aachener an Hausnamen, wie z. B. "zum goldenen Schwan", "zum goldenen Einhorn" oder "zur goldenen Kette", Häuserzeichen, die heute noch am Aachener Marktplatz die Fassaden schmücken. Die neuen französischen Hausnummern erleichterten wesentlich die Orientierung und - die Einnahme von Steuern. Denn zum Leidwesen der Bürger ließ sich Napoleon eine neue Steuer einfallen, die sogenannte "Fenstersteuer". Auf einen Nenner gebracht: Je mehr Fenster, desto mehr Steuern. Eine Lösung aus diesem Dilemma fanden die Aachener im sogenannten Dreifensterhaus, pro Etage drei Fenster - die "sparsame Version". Seitdem prägen die "Dreifensterfassaden" mehr denn je das Straßenbild der alten Krönungsstadt.

So richtig haben sich die Aachener mit Napoleon nie anfreunden können. Warum auch? Die Bürger der bis dahin freien Reichsstadt waren es jahrhundertelang gewohnt, eigene Entscheidungen zu treffen.

Aachen wurde während der französischen Besatzungszeit von fünf Präfekten verwaltet. Der letzte Präfekt, M. Ladoucette, behagte den Aachenern gar nicht, besonders wegen folgender Begebenheit, in der er sich als eifriger Diener Napoleons zeigte. Hier lieferte der Präfekt sein "Meisterstück" - auf Kosten der Aachener.

Der heutige Domhof wurde damals (nach Westen hin) von einem doppelt geschwungenen steinernen gotischen Torbogen, auch Paradiesbogen genannt, abgeschlossen. Dieser hatte schon im 15. Jahrhundert die Gemüter erregt. Damals mußte der Bogen erneuert werden, und die reichsstädtische Verwaltung machte den maßgeblichen Geistlichen im Münster gewisse Auflagen. Während der Heiligtumsfahrten dürfe der Blick auf die Reliquien auf keinen Fall versperrt werden. Also zog man den Bogen möglichst niedrig, damit die Pilger von den Dächern der umliegenden Häuser aus noch darüber hinweg schauen konnten. Genau das sollte unseren Ladoucette einige Jahrhunderte später so in Harnisch bringen. Seine Kutsche paßte durch keinen der beiden Torbogen. Die Tore waren zu eng und zu niedrig. Deshalb endete die Fahrt zum Dom notgedrungen mitten auf dem Fischmarkt zwischen feilschenden Marktfrauen, frischen Meeresfrüchten und übelriechenden Fischresten.

Jedesmal dasselbe Theater, der Kutscher sah sich gezwungen, die Kutsche frühzeitig anzuhalten. Erbost stierte der fußfaule Ladoucette auf das Hindernis, das ihm die Fahrt bis direkt vor die Domtür versperrte. Ob er nun wollte oder nicht, die letzten 50 m bis zum Dom mußte er zu Fuß gehen.

Der Gedanke, daß gar Napoleon bei einer Domvisite in den zweifelhaften Genuß dieser Fahrtunterbrechung kommen könnte, paßte ihm gar nicht. Unzumutbar! Ladoucette sann auf Abhilfe und drückte den erstaunten Aachener Bürgern Hammer und Meißel in die Hand. Kurze Zeit später versanken die eleganten Torbögen in Schutt und Staub. Endlich freie Fahrt!

Im Jahre 1810 kam Napoleon mit seiner zweiten Gemahlin Marie-Louise tatsächlich nach Aachen. Bei diesem Besuch konnte er ungehindert bis zu den Domtüren vorfahren, an denen ihn sicher - katzbuckelnd und mit hilfreich ausgestreckter Hand - Ladoucette erwartet haben wird, Napoleons ergebener Herr Präfekt.

Ein Jahr später aber ging Monsieur Ladoucette entschieden zu weit. Er ließ während einer Kirchenprozession ein "Bömbchen" platzen, das ihm die damaligen Aachener nie verziehen haben, ja, bei dem sich noch heute jedem "Ur-Öcher" die Nackenhaare sträuben. Ladoucette schoß mit einem kleinen Zettel über das Ziel hinaus. Doch der Reihe nach.

Karl der Große auf Stelzen

Die Verehrung Karls des Großen hatte im Laufe der Zeit ungewöhnliche Formen angenommen. Hier ein Paradebeispiel:

Im Jahre 1520 grübelten die Aachener, wie sie den neu erwählten König, Karl V., der zur Krönung nach Aachen kam, besonders erfreuen und an den Stadttoren würdig empfangen könnten. Mit einer Überraschung warteten sie schließlich auf: Karl der Große kam seinem Nachfolger "leibhaftig" entgegen, zwar etwas steif und hölzern in seinen Bewegungen, aber doch ungeheuer beeindruckend! Eine überlebensgroße Puppe bahnte sich den Weg durch die Menge. *...und ist wohl so groß wie zwei Menschen von beträchtlichem Umfang.* Karl V. war hingerissen - die Aachener auch! Da ihnen die Überraschung so gut gelungen war und sie selbst am meisten Freude an ihrem großen Karl hatten, ließen sie ihn ab da regelmäßig auferstehen. Damit die Bürger garantiert regelmäßig in den Genuß dieses Spektakels kamen, wurde die Statue *zum Staunen der Erwachsenen* und *zur Freude der Kinder* während der alljährlichen Karls- und Fronleichnamsprozession und am Himmelfahrtstag gezeigt.
Es gibt keine überlieferten Abbildungen dieser "Karlspuppe", dafür aber detaillierte Beschreibungen.
Zwei Mannslängen soll sie hoch gewesen sein. Im Innern der Puppe wurde schweißtreibende Schwerstarbeit geleistet. Ein durchtrainierter Aachener Tausendsassa war dort pausenlos im Einsatz. Es war eine komplizierte Aufgabe, die Figur zu bewegen, und der Artist wird lange geübt haben, denn er mußte auf Stelzen Schritt für Schritt das Gestell durch die Aachener Gassen balancieren - auf holprigem Kopfsteinpflaster. Das war aber noch nicht alles! Im Innern der Figur wird der Sportsmann die Augen vor Anstrengung verdreht haben, denn Arme und Beine mußten genauestens aufeinander abgestimmt werden. Während also die Stelzen scheinbar mühelos vor sich hintappten, hatte der Träger eine Etage höher alle Hände voll zu tun. Unter dem Arm ein Münstermodell festgeklemmt, hielt Karl in der einen Hand triumphierend das Zepter, während er mit der anderen großzügig *Zuckerwerk unter die gaffende Menge* warf. Die Bürger bejubelten ihren Karl und huldigten ihm wie in alten Zeiten.

Ein langer, gelber Damastrock, geschmückt *mit des Reychs Adler vornen vnd hynden*[120], behinderte das majestätische Stolzieren. Ein gelockter Bart und eine Perücke nahmen nicht nur die Sicht, sondern auch den Atem. Sie waren mit sechs Pfund Puder bestäubt! Als krönender Abschluß blitzte eine vergoldete Krone in den Locken. *Schwert, Manschetten und "Ritterhandschuhe"* rundeten das Gesamtbild ab. Und zu allem Überfluß konnte der Koloß auch noch mit den Augen rollen!

War das Bestaunen und die Freude über die baumlange Karlsfigur in den ersten Jahrhunderten noch ungetrübt, schlich sich zu Beginn des 18. Jahrhunderts erste Kritik ein. So spottete ein Autor im Jahre 1714, daß die Puppe eher an eine imposante Vogelscheuche erinnere, *als die Gedanken der Größe und Ehrerbietung, die Karls des Großen Namen enthält, zu erregen.* Gnadenlos reiht er sie zu den *lächerlichen Curiositäten der Stadt* ein, und knapp hundert Jahre später sollte den Aachenern tatsächlich alle Freude an ihrem "Koloß" vergehen.

Napoleon ganz groß

Zur Napoleonischen Zeit kam es zum Eklat!

Als die Franzosen im Jahre 1794 Aachen besetzten, hatten sie keinen Sinn für derlei "Firlefanz" und steckten die Puppe in die *städtische Rumpelkammer.* 17 Jahre später kramte sie Monsieur Ladoucette, der letzte Rurpräfekt, aus der Mottenkiste hervor. Er zerbrach sich eingehend den Kopf, wie er die Statue zur nächsten Prozession besonders eindrucksvoll herausputzen könnte. Mit einem *frischen Antlitz vom Maskenkünstler Kalf angefertigt,* erstrahlte Karl in neuem Glanz und trug sogar ein funkelnagelneues Münstermodell unterm Arm. Eine Rechnung des Dekorateurs über stattliche 50 Francs existiert noch heute.

Wenn alles so wie sonst gelaufen wäre, hätten *6 Herolde,* bewaffnet mit *krummen Erzhörnern,* die Spitze des Zuges gebildet, begleitet von der Bürgerwacht. Begeistert wäre die Puppe umjubelt worden.

Diesmal aber wanderte die Puppe ohne Begleitung von Geistlichen und städtischen Würdenträgern durch eine empörte Menge, nur umtanzt von ein paar grölenden Studenten und Nachtwächtern.

Was war geschehen? Karl sah frischer aus denn je, aber an seinem Arm baumelte ein kleiner Zettel mit großen Worten:

Je ne suis surpassé que par Napoleon!
Nur Napoleon ist größer als ich![121]

Empört schrie die Aachener Volksseele auf! Ein harter Schlag in die Gesichter der patriotisch denkenden Aachener! Ihr Karl!

Wo sonst eine wahre Ehrfurcht und eine tiefe Rührung Aachens Bürgerschaft bei dieser Erscheinung durchdrangen, entstand nun ein allgemeines Lachen, oder soll ich sagen Aergernis. So sah es erschreckt der Chronist.

Aus und vorbei, für immer.

Ein zeitgenössischer Brief brachte es auf den Punkt: *Aus einem Charlemagne ist ein Charlatant geworden.*

Das war das letzte Mal, daß Kaiser Karl in dieser Form sich blicken ließ, danach verschwand die Puppe für immer in der Versenkung. So fand *eine Ur-Aachener Art des Karlskults ... ein unrühmliches Ende!* Jammerschade!

Vorwort

1 Karl Franz Meyer, Aachensche Geschichten, 1. Band, Aachen,1781, S. 2 (künftig: Meyer)

Karl der Große

2 vgl. Reisen im Mittelalter, Norbert Ohler, München, 1991/ 3. Auflage 1993, S. 209. (künftig: Ohler)
3 Meyer, S.79.
4 Einhard, Vita Karoli Magni, Das Leben Karls des Großen, Lateinisch / Deutsch, 1968, durchgesehene und revidierte Ausgabe, Stuttgart, 1981, Anm. 68, S. 76. (künftig: Einhard)
5 Dieses und die folgenden Zitate aus: Durant, Kulturgeschichte der Menschheit, Das frühe Mittelalter, Bd. 6, München, 1978, S. 140.
6 a.a.O.
7 Ebd. S. 49.
8 a.a.O.
9 a.a.O.
10 Dieses und das nächste Zitat aus: Einhard, S. 49.
11 Ebd. S. 70.
12 Ebd. S. 41.
13 Ebd. S. 47.
14 Meyer, S. 109
15 Einhard, S. 47.
16 Karl der Große - Werk und Wirkung, Katalog der X. Ausstellung des Europarates, Aachen, 1965, S. 224.
17 Wolfgang Braunfels, Karl der Große, Hamburg, 1972, S. 148. (künftig: Braunfels)
18 Ebd. S. 34.
19 Ebd. S. 36.
20 D. Hoffmann, Die Karlsfresken Alfred Rethels, Dissertation, Freiburg, 1968, S. 129. (künftig: Hoffmann)
21 Josef Ponten Hrg., Alfred Rethel. Des Meisters Werke in 300 Abbildungen, Stuttgart und Leipzig, 1911, S. LVI.
22 Dieses und die folgenden Zitate aus: Hans-Wilhelm Klein, Die Chronik von Karl dem Großen und Roland, München, 1986, S. 83. (künftig: Turpin)
23 Hoffman, S.128, vgl. auch: Roland, Ein Heldengedicht in Romanzen nach Turpins Chronik von Friedrich Schlegel (sämtliche Werke, Bd. 8 , Wien,

24 1823) in: Josef Ponten, Studien über Alfred Rethel, Stuttgart und Berlin, 1922, S. 27. (künftig: Ponten)
24 Turpin, S. 85.
25 Ponten, S. 27f.

Ludwig der Fromme

26 Braunfels, S. 17.
27 Thegan und Astronomus, Die Lebensbeschreibungen Kaiser Ludwigs des Frommen, nach der Ausgabe der Monumenta Germaniae, übersetzt von Dr. Julius von Jasmund, Leipzig, S. 42. (künftig: Thegan und Astronomus)
28 Ebd. S. 12.
29 a.a.O.
30 Dieses und die folgenden Zitate aus: Walter Kaemmerer, Aachener Quellentexte, Bd.1, Aachen, 1980, S. 71. (künftig: Kaemmerer)
31 Heinz Malangré, Gestalten um Karl den Großen, Aachen, 1989, S. 76. (künftig: Malangré)
32 Kaemmerer, S. 77.
33 Ebd. S. 75.
34 Meyer, S.174.
35 Thegan und Astronomus, S. 73.
36 Albert Huyskens, Aachener Heimatgeschichte, Aachen, 1924, S. 174. (künftig: Huyskens)
37 Dieses und das nächste Zitat: Kaemmerer, S. 73.
38 Ebd. S. 39.
39 Thegan und Astronomus, S. 42.

Lothar II.

40 Huyskens, S. 316.
41 Dieses und die folgenden Zitate aus Meyer, S. 181-185.
42 Huyskens, S. 10ff.

Die Aachener und das Schummeln im Mittelalter

43 Dieses und die folgenden Zitate aus: Kaemmerer, S. 197 - 201.
44 Gerhard Prause, Tratschkes Lexikon für Besserwisser, München, 1984, S. 49f.
45 Ebd. S. 50.
46 Horst Fuhrmann, Einladung ins Mittelalter, München, 1987, S. 195f.
47 S. Fischer-Fabian, Die Deutschen Cäsaren, Locarno, 1977, S. 92.

Heiligtumsfahrten in Aachen

48   Zur Geschichte der Heiligtumsfahrten nach Aachen und Kornelimünster, von Heinrich Schiffers, S. 167-177, In: Aachener Geschichtsverein im Jahre 1951, S. 177 (künftig: Aachen 51)
49   Ebd. S. 176
50   Birgit Lermen/ Dieter P. J. Wynands, Die Aachenfahrt in Geschichte und Literatur, Aachen, 1986, S. 52. (künftig: Lermen/ Wynands)
51   Harry Kühnel (Hrg.), unter Mitarbeit von Helmut Hundsbicher, Gerhard Jaritz, Elisabeth Vavra, Alltag im Spätmittelalter, Graz, Wien, Köln, 1984, S. 98. (künftig: Kühnel)
52   E. Ph. Arnold, Aachener Beiträge für Baugeschichte und Heimatkunst, Aachen, 1930, S. 73.
53   Kühnel, S. 99.
54   Lermen/ Wynands, S. 53.
55   Kaemmerer, S. 291.
56   Dieses und die folgenden Zitate aus: Die Heiligtumsfahrt des Philipp von Vigneulles im Jahre 1510, in: Kleine Geschichte Aachens, Dieter P. J. Wynands, Aachen, 1990, S. 83- 86. (künftig: Wynands)
57   Viktor Gielen, Im Banne des Kaiserdoms, Aachen, 1978, S. 145. (Gielen)
58   Dieses und die folgenden Zitate aus: Wynands, S. 83f.
59   Lermen/ Wynands, S. 38
60   Kühnel, S. 99.
61   Ebd. S. 100.
62   a.a.O.
63   Kühnel, S. 102.
64   a.a.O.
65   Kühnel, S. 99.
66   Gielen, S. 150.
67   Ebd. S. 154.
68   Jochen Gaile, Wir Deutschen, Dortmund, 1991, S. 150.

Der Zar im Erbsenbeet

69   Dieses und die folgenden Zitate aus: Rentner Herm. Friedr. Macco (Steglitz), Peter der Große in Aachen (1717), Zeitschrift des Aachener Geschichtsvereins, 33, Band, Heft 3 und 4, Aachen, 1911, S.82f.
70   Durant, Europa im Zeitalter der Könige, Bd. 12, München, 1978, S. 407.(künftig: Durant)
71   Ebd. S. 405.
72   a.a.O.

73   Durant, S. 406.
74   a.a.O.
75   vgl. Hanswilhelm Haefs, Handbuch des nutzlosen Wissens, Stuttgart, 1989, S. 167 und 170.
76   vgl. Durant, S. 405.

Der Aachener Friedenskongreß 1748

77   Albert Huyskens, Aachener Leben im Zeitalter des Barock und Rokoko, Aachen, 1929, S. 122. (künftig: Huyskens, Rokoko)
78   Ebd. S. 36.
79   Dieses und die folgenden Zitate aus: Die historischen Notizen des Bürgermeisterei-Dieners Johannes Janssen, in: Freiherr Hermann Ariovist von Fürth, Aachener Patrizierfamilien, 3. Band, Aachen, 1890, S.155f. (künftig: Fürth)
80   a.a.O.
81   a.a.O.
82   Huyskens, Rokoko, S. 38.
83   Fürth, S. 138.
84   Ebd. S.157.
85   Ebd S. 156.
86   Huyskens, Rokoko, S. 54.
87   a.a.O.
88   a.a.O.
89   Wynands, P. J. Dieter, Kleine Geschichte Aachens, Aachen, 1990, S. 107.
90   Fürth, S.162.
91   Ebd. S.163.
92   a.a.O.
93   Fürth, S.148.
94   a.a.O.
95   Lermen/ Wynands, S. 27.
96   a.a.O., S. 100.
97   Fürth, S.151.
98   Ebd. S.139.
99   Ebd. S. 150.
100   Dieses und die nächsten Zitate aus: Fürth, S. 165.
101   Ebd. S. 166.
102   Kaemmerer, S. 313.

Die Reichsinsignien - in Aachen, Paris oder Wien

103 Meyer, S. 798.
104 vgl.Ramjoué, Fritz, Die Eigentumsverhältnisse an den drei Aachener Reichskleinodien, Berlin - Köln - Mainz, Verlagsort Köln, 1968, S. 56. (künftig: Ramjoué)
105 Fürth, S. 154.
106 a.a.O.
107 Ramjoué, S. 58.
108 Ebd. S. 60, Anm. 134.
109 a.a.O.
110 Ebd. S. 62.
111 Gielen, Viktor, Aachen unter Napoleon, Aachen, 1977, S. 69. (künftig: Gielen, Napoleon)
112 Ramjoué, Anm. 22, S. 95-97, S. 96.
113 Ebd. S. 97.
114 a.a.O.

Franzosenzeit

115 Gielen, Napoleon, S. 31.
116 vgl. Otto Borst, Alltagsleben im Mittelalter, Frankfurt a. M., 1983, S. 209
117 Wynands, S. 90.
118 Gielen, Napoleon, S. 32.
119 Hans Conrad Zander, Zanderfilets, Stuttgart, 1993, S. 114.
120 Dieses und alle folgenden Zitate aus: Wilhelm Hermanns: Formen der Karlsverehrung in Alt-Aachen, in: Rheinischer Verein für Denkmalpflege und Heimatschutz, Aachen zum Jahre 1951, Jahrgang 1951, S. 51/52.
121 Gielen, Napoleon, S. 147.

Zitierte Literatur:

Boussak, Aachener Spaziergänge, Aachen, 1990.
Braunfels, Wolfgang, Karl der Große, Hamburg, 1972.
Claasen, Friedrich, Beiträge zur Geschichte der Stadt Aachen unter Karl V., in: ZAGV 36.
Einhard, Vita Karoli Magni, Stuttgart, 1968.
Fischer Fabian, S., Die ersten Deutschen, Dortmund, 1978, 13. Auflage, Locarno, 1993.
Fischer-Fabian, S., Die Deutschen Cäsaren, Locarno, 1977.
Fuhrmann, Horst, Einladung ins Mittelalter, München, 1987.
Fürth, Freiherr Hermann Ariovist von, Aachener Patrizierfamilien 3. Band, Aachen, 1890.
Gaile, Jochen, Wir Deutschen, Dortmund, 1991.
Gielen, Viktor, Aachen unter Napoleon, Aachen, 1977.
Gielen, Viktor, Im Banne des Kaiserdoms, Aachen, 1978.
Hermanns, Will, Heimatchronik der Kur- und Kronstadt Aachen, Bilder aus Vergangenheit und Gegenwart, Köln, 1953.
Hoffman, Detlef, Die Karlsfresken Rethels, Augsburg, 1968.
Huyskens, Albert, Aachener Heimatgeschichte, Aachen, 1924.
Huyskens, Albert, Aachener Leben im Zeitalter des Barock und Rokoko, Aachen, 1929.
Kaemmerer, Walter, Aachener Quellentexte, Bd. 1, Aachen, 1980.
Karl der Große - Werk und Wirkung, Katalog der X. Ausstellung des Europarates, Aachen, 1965.
Klein, Hans-Wilhelm, Die Chronik von Karl dem Großen und Roland, München, 1986.
Knoll, M. Gabriele, Aachen und das Dreiländereck, Köln, 1993.
Kühnel, Harry (Hrg.), unter Mitarbeit von Hundsbicher, Helmut, Jaritz Gerhard, Vavra, Elisabeth, Alltag im Spätmittelalter, Graz, Wien, Köln, 1984.
Lebe, Reinhard, War Karl der Kahle wirklich kahl?, München, 1990.
Lermen, Birgit/ Wynands, P. J. Dieter, Die Aachenfahrt in Geschichte und Literatur, Aachen, 1986.

Malangré, Heinz, Gestalten um Karl den Großen, Aachen, 1989.
Meyer, Karl Franz, Aachensche Geschichten, 1. Band, Aachen, 1781.
Moritz, Hans-Jürgen (Hg.), Niederlande, Rieden am Forggensee, 1989.
Noppius, Johannes, Aachener Chronik, Köln, 1632, Neuauflage, Aachen, 1774.
Ohler, Norbert, Reisen im Mittelalter, München und Zürich, 1986.
Pick, Richard/ Laurent, Josef, Das Rathaus zu Aachen, Aachen, 1914.
Ponten, Josef, Alfred Rethel, Des Meisters Werke in 300 Abbildungen, Stuttgart, 1911.
Ramjoué, Fritz, Die Eigentumsverhältnisse an den drei Aachener Reichskleinodien, Stuttgart, Berlin - Köln - Mainz, Verlagsort Köln, 1968.
Rheinischer Verein für Denkmalpflege und Heimatschutz, Aachen zum Jahre 1951, Neuss, Jahrgang 1951.
Schiffers, Heinrich, Aachener Heiligtumsfahrt, Reliquien - Geschichte - Brauchtum, Aachen, 1937.
Schiffers, Heinrich, Kulturgeschichte der Aachener Heiligtumsfahrt, Aachen, 1937.
Wynands, P. J. Dieter, Kleine Geschichte Aachens, Aachen, 1990.
Zander, Hans Conrad, Zanderfilets, Kabinettstücke aus der Rumpelkammer der Geschichte, Stuttgart, 1993.